# Fintechとは何か

金融サービスの民主化をもたらすイノベーション

富士通総研
隈本正寛・松原義明 [著]

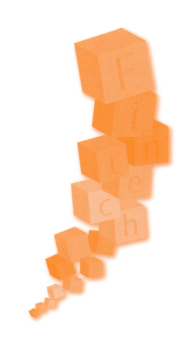

一般社団法人 金融財政事情研究会

# はしがき

　本書は、このところ金融業界において最も注目されるテーマの一つとなっているFintechについて包括的に論じたものである。筆者らは、富士通グループのシンクタンクである富士通総研の金融部門に属し、2007年頃より継続して海外金融機関の先進的な情報通信技術（ICT）活用に関する動向についてリサーチしてきた。Fintechについても2010年前後から独自の調査を実施している。本書には、このようなリサーチ活動のなかで実施してきた、海外金融ICTに関するカンファレンスへの参加、ICT活用に長けた金融機関、Fintech分野のスタートアップ企業へのインタビューを通じて得られた知見を反映している。

　金融業界は、古くは1960年代の第一次オンラインの時代からICTを活用し、継続的にその業務の高度化を図っている。しかしながら、1990年代にもたらされたインターネットの普及とこれに伴う利用者の生活ならびに事業の変化のスピードは速く、金融ICTは転換点を迎えている。かねてより金融とテクノロジーを組み合わせた造語として、おおむね金融ICTといった意味合いで用いられてきたFintechという言葉が、近年その用法を大きく変化させていることはその証左といえよう。

　インターネットの爆発的な普及により、業界における事業構造が変化し、支配的な地位にあった企業が影響力を失い、ICT活用に長けた創業間もない企業が短期間で巨大企業へと成長した例は少なくない。金融業界においても、ICTを駆使した企業の市場参入が相次いでおり、このような潮流とまったく無関係ではいられまい。その一方で、多くの金融機関が、早くからFintechを事業機会・脅威の両面から認識し、このような潮流に適応すべく、自身の事業や組織のあり方を変革している点は、先行する業界にはみられない特徴であろう。このような点をふまえ、本書では、スタートアップによるFintechサービスの紹介に多くの紙幅を費やす一方で、伝統的な金融機

はしがき　i

関や政府をはじめとする公的機関がFintechの潮流に対して、どのように取り組んでいるかについても言及している。

　わが国においてFintechというキーワードに注目が集まったのはここ数年のことであるが、いまでは金融サービスに特化した多くのスタートアップが成長し、金融機関や政府もFintechの動向に対して積極的に向き合い、後押しするといったFintechエコシステムとも呼べる好環境が構築されつつある。その一方で、これらサービスが国内で定着していくためには、真に利用者に受容されるかにかかっているといえよう。

　Fintechの潮流は、もとより米西海岸において活発であったが、近年では欧州、アジア、アフリカなどグローバルに拡大しており、多くの有望なサービスが地球規模で誕生しつつある。共通するのは、これまでのように、金融サービスの供給者たる金融機関ではなく、需要者たる利用者が提供サービスについての発言権を強めることで、金融サービスが生活や事業に溶け込み、これを改善している点である。筆者らは、こうした潮流を、利用者本位の、金融サービスの「民主化（Democratize）」と呼ぶべき潮流であるととらえている。このような金融サービスの民主化は、この先、金融機関もしくは業界全体に対してどのような影響をもたらすのか、これからの時代に求められる利用者本位の金融サービスのあり方とは何か、本書をきっかけに多くの人々が今後の金融サービスのあり方について考えるきっかけとなれば幸いである。

　2016年3月

株式会社 富士通総研

**隈本 正寛**

**松原 義明**

# 著者略歴

**隈本 正寛**（くまもと まさひろ）

（株）富士通総研 金融・地域事業部 シニアマネジングコンサルタント

1998年さくら銀行（現三井住友銀行）入行、法人営業、融資業務を経験。2000年富士通総研入社。入社以来、海外先進金融機関におけるICT利活用動向やビジネストレンドのリサーチ、ならびに金融機関のお客様に対するICT戦略策定コンサルティング、リスク管理、マーケティング分野にて、ビジネスコンサルティングを実施。直近では、Fintech最新動向のリサーチと海外Fintechソリューションの日本での適用に向けたコンサルティングを実施。

**松原 義明**（まつばら よしあき）

（株）富士通総研 金融・地域事業部 シニアコンサルタント

2007年4月富士通総研入社。入社以来、海外金融機関における先進金融サービスに関するリサーチや金融機関におけるチャネル戦略策定に関するコンサルティングを実施。近年では、主に海外におけるFintech最新動向のリサーチ業務に従事。このほか、金融機関における最新のテクノロジートレンド、サービストレンドについて継続的なリサーチを実施。

**主要著書・論文**（いずれも隈本、松原による共著）
「金融サービスにおけるオムニチャネル化」
（季刊「個人金融」2016年冬、一般財団法人ゆうちょ財団）
「オムニチャネル時代における営業店のあり方」
（月刊「金融」2015年5月号、一般社団法人全国銀行協会）
「金融サービスにおけるオムニチャネルの進化」
（月刊金融ジャーナル2015年3月号、株式会社金融ジャーナル社）
「技術革新が迫る金融ビジネスの変革〜オープンイノベーションが牽引する新潮流〜」
（週刊金融財政事情2015年2月2日号、一般社団法人金融財政事情研究会）

# CONTENTS

## 第1章　Fintechとは何か？

❶　金融機関に蔓延する「危機感」 2

❷　Fintechとは 6

❸　Fintechの背景 8

　(1)　テクノロジー 8

　(2)　ミレニアル世代 10

　(3)　技術トレンド 15

## 第2章　拡大するFintechサービスの特徴

❶　Fintechスタートアップが提供するサービスが既存の金融ビジネスを浸蝕する？ 18

❷　Fintechサービスの分類 20

❸　送金／決済サービス 22

　(1)　Fintechサービスのパイオニア―PayPal― 23

　(2)　新たな決済サービス領域の創出―Square― 27

　(3)　急成長する次世代の決済サービス―Braintree, Stripe― 31

　(4)　決済とコミュニケーションの融合―Venmo― 34

　(5)　P2P型サービスによる海外送金分野の変革―TransferWise― 37

　(6)　仮想通貨を活用した決済サービスの誕生―Ripple― 38

❹　融資／資金調達サービス 42

　(1)　Fintechサービスへの関心を強めたLendingClub上場 43

　(2)　データ分析の高度化による新たな融資サービスの誕生
　　　―OnDeck, Kabbage― 46

　(3)　ミレニアル世代と親和性の高いネット上の融資サービス―Affirm― 48

❺　預金／資産運用サービス 51

iv

(1) APIによるサービス拡大を図る─Yodlee─ ……………………………… 51
(2) 預金データからマーケティングデータへの転換─MX─ …………………… 53
(3) プリペイドカードの提供による"擬似"預金口座の提供 ………………… 55
(4) 若年層を中心に利用が拡大する新たな資産運用サービス ……………… 58
(5) 人工知能（AI）活用による資産運用サービスの進化 …………………… 60
❻ ミレニアル世代のための新たな銀行 Neobank ……………………… 63
❼ その他の周辺機能 ……………………………………………………………… 67
(1) 金融機関での採用が広がるカードリンクドオファー（CLO） ………… 67
(2) ゲームの要素を取り入れた個人向けサービス ………………………… 69
(3) 法人向け周辺サービスの発展 …………………………………………… 70
❽ 金融機関向けFintechサービス ……………………………………………… 73
(1) 金融機関のUX向上の特効薬となるフロントサービス ………………… 74
(2) 金融機関の機能強化を行うインフラ／プラットフォームサービス …… 79
❾ Fintechスタートアップによるサービス提供の方向性 …………………… 87

## 第3章　Fintechに対する海外金融機関の取組み

❶ 買収・出資 ……………………………………………………………………… 93
❷ 提　　携 ………………………………………………………………………… 96
❸ 自社内革新組織 ………………………………………………………………… 99
❹ BBVAによるイノベーションを促進する取組み ………………………… 102
❺ 金融機関独自の対抗戦略 …………………………………………………… 108

## 第4章　Fintechへの諸外国における公的機関の対応

❶ 「Global Fintech Capital」を目指す英国 ……………………………… 113
❷ ユーロ圏の「Fintech Capital」を目指すルクセンブルク ………… 118
❸ Fintech推進へ規制緩和を積極的に推進するシンガポール ………… 120
❹ アジアのFintechセンターを目指す韓国 ………………………………… 122
❺ Fintech推進競争を進める世界各国 ……………………………………… 124

## 第5章　日本におけるFintechの現状

❶ 日本におけるFintechスタートアップの現状 ……………………………… 127
❷ Fintechをめぐる本邦金融機関の動向 ……………………………………… 129
❸ Fintech推進に向けて積極的な姿勢をみせる関係省庁 ………………… 131
❹ 日本国内におけるFintechサービスの受容度 …………………………… 136
❺ 日本におけるFintechサービスの普及状況 ……………………………… 138
❻ Fintechサービスの日本での普及に向けて ……………………………… 143

## 第6章　Fintechの今後

❶ Fintechは「バズワード」か？ …………………………………………… 146
❷ Fintechが「冬の時代」を迎える？ ……………………………………… 148
❸ Fintechがもたらす価値とは？ …………………………………………… 150
❹ Fintechがもたらす金融サービスの「民主化」 ………………………… 153
❺ Fintechの負の側面 ………………………………………………………… 158
❻ Fintechサービスのさらなる発展に向けて ……………………………… 160


おわりに ………………………………………………………………………… 164

第 1 章

## Fintechとは何か？

## ❶ 金融機関に蔓延する「危機感」

"Banking is necessary, but banks are not."──「銀行取引は必要不可欠なものだが、（店舗としての）銀行はそうではない」

　この発言は、1994年にマイクロソフト社の共同創業者であるビル・ゲイツによってなされたものである[1]。銀行の取引、サービス自体は経済活動や人々の生活にとって必要なものであるが、その提供主体が必ずしも「銀行」である必要はないとの趣旨であると理解できる。スマートフォンによって金融サービスに容易にアクセスすることができ、さまざまなデジタル企業、スタートアップが金融サービスを提供する昨今、この発言は一種の予言のような響きを持っている。時代がようやくビル・ゲイツの発言に追いついたといえるのかもしれない。

　それから約20年の時を経て、金融業界のトップからこれに呼応するような発言が相次いだ。2015年3月、スペイン大手金融機関BBVA（ビルバオ・ビスカヤ・アルヘンタリア銀行）の会長であるエマニュエル・ゴンザレスは、スペインのバルセロナで開催された世界最大の通信事業者の見本市であるMobile World Congressにおいて、"BBVA will be a software company in the future."（「BBVAは将来的にソフトウェア会社になるだろう」）と発言したのである[2]。

　金融機関が将来的にソフトウェア会社になる──大胆にも思えるこの発言に

---

**1**　Bloombergニュース記事「Bill Gates Is Rattling The Teller's Window」（1994年10月30日）http://www.bloomberg.com/bw/stories/1994-10-30/bill-gates-is-rattling-the-tellers-window

**2**　BBVAプレスリリース「Francisco González "The future of banking is decided in places like this one"」（2015年3月4日）http://press.bbva.com/latest-contents/press-releases/francisco-gonzalez-8220-the-future-of-banking-is-decided-in-places-like-this-one-8221__9882-22-c-110409__.html

は続きがある。そこで同氏は、これまでのBBVAのデジタルサービスや技術基盤に対する取組みや投資について語り、このような技術基盤への投資によってBBVAがスタートアップやデジタル企業といったモバイルに強みを持った企業と競争可能な顧客サービスを開発することができるとしたのである。また、モバイルこそが銀行業界に破壊的なイノベーションを起こす促進要因であるとの認識を示し、将来、110万人いる従業員の過半をデジタルサービスに振り向けApple, Samsung, Google, Amazonといった企業と対等に競争できる水準にまで高めたいとまで発言している。

　また、米国の四大銀行の一角を占めるJPMorgan ChaseのCEOであるジェームズ・ダイモンも、2014年に開催されたEuromoney Saudi Arabia Conferenceにおいて "We're one of the largest payments systems in the world. We're going to have competition from Google and Facebook and somebody else."（「私たちは世界最大の決済システムであるが、将来GoogleやFacebookあるいは他の何者かとの競合にさらされることになるだろう」）[3]と発言した。これまで紹介したビル・ゲイツの発言とBBVAやJPMorgan Chaseのトップの発言は、昨今のFintechという潮流を技術の面と金融の面の両サイドからみるという点で、非常に対照的であると感じられる。

　このような認識が広がりつつあることを示唆するアンケートがある。「金融の新しいイノベーションによって、誰が勝ち組となり、誰が負け組となるか」──このアンケートは、毎年米国のラスベガスで開催されるMoney 20/20という2020年の金融を考えるカンファレンスで参加者に対して実施されたものである。Money 20/20はそのテーマから、金融分野におけるイノベーションに関心が高い多くの金融機関やスタートアップ、デジタル企業のトップから実務者までが参加している。前述の質問に対し「勝ち組」とした回答と

---

3　Bloombergニュース記事「http://www.bloomberg.com/news/articles/2014-05-06/jpmorgan-s-dimon-sees-facebook-to-google-challenging-bank-online」（2014年5月6日）http://www.bloomberg.com/news/articles/2014-05-06/jpmorgan-s-dimon-sees-facebook-to-google-challenging-bank-online

「負け組」とした回答を相殺すると、小売業は39％、非伝統的な金融サービス業は37％、「勝ち組」と回答した回答者が上回っているのに対し、銀行・伝統的金融サービス提供者は29％も「負け組」になると回答した回答者が上回っている（図表1－1）。銀行をはじめとする伝統的な金融機関のイノベーションへの危機感の強さが現れているといえよう。

　BBVAやJPMorgan Chaseのトップの発言にもあるとおり、現在、GoogleやAppleといったデジタル企業が相次いで金融サービスを提供している。たとえば、GoogleはAndroid Payと呼ばれるモバイル決済サービスのほか、Gmail上で送金ができるサービスを提供し、金融サービスの比較サイトまで立ち上げている。またAppleは周知のとおり2014年9月よりApple Payと呼ばれる次世代近距離無線通信規格であるNFCを活用したモバイル決済サービスを開始している。同サービスは2015年7月、英国でも利用できるようになり、今後さらにオーストラリアやカナダへ対象国を増やす予定である。

　近年、世界的に金融サービスを展開するデジタル企業、スタートアップが

■ 図表1－1　金融機関関係者によるイノベーションに対する危機感

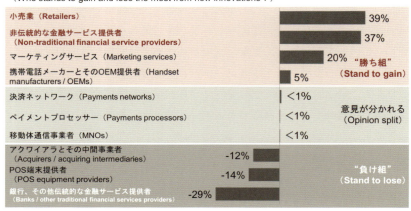

（出所）　Money 20/20（2013）基調講演スライドより筆者作成

数多く登場しているが、これらに通底するキーワードがFintechである。ICT（情報通信技術）の活用に長けたデジタル企業やスタートアップは、最新技術を駆使することで既存金融サービスの非効率性の解消や付加価値向上を企図し、金融サービスに相次いで参入を果たしている。一方、海外では伝統的な金融機関においても、その対抗策としてICTの戦略的活用による利便性の高いサービスを提供することが活発になっている。このように金融とICTを融合した新しいイノベーションの潮流である"Fintech"は大きなうねりとなりつつある。

## ❷ Fintechとは

　Fintechに関して論を進めるにあたって、あらためてFintechという言葉の定義を試みたい。いうまでもなくFintechとはFinance（金融）とTechnology（技術）を組み合わせた造語であり、わが国でも特にこの1～2年、耳目を集める言葉となっている。Fintechという言葉自体はここ最近の新語というわけではなく、従前より海外の文献などでは金融に関するICTといった程度の意味で目にすることも多かった。近年の用法としては、ICTを中心とする技術を活用した金融サービスの破壊的イノベーションの潮流とでもいうべき認識が広がっているようである。わが国で注目されるFintechももっぱらこの意味で利用されている。このような変化は、大きく三つの点で変化が生じていることに起因していると考える（図表1-2）。

　後述するようにICTはその提供する価値を大きく変えている。古くから金融におけるICTの提供価値の中心は、他の産業と同様、バックエンドにおけ

■図表1-2　Fintechがもたらす三つの変化

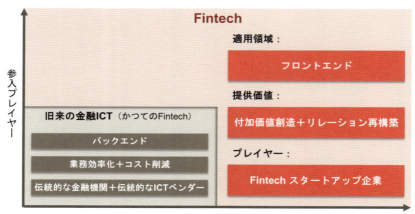

る業務効率化やコスト削減を中心としたものである。これらは伝統的金融機関と伝統的ICT企業によって支えられている。その一方、近年のデジタル企業やスタートアップ企業がICTを活用して提供するサービスは利用者の個々のニーズに訴求し、簡単で、いつでもどこでも利用でき、透明性が高い。これらのサービスにおけるICTの価値は、利用者にとってより付加価値を向上し、利用者とより深い関係を構築するものに変化している。すなわち、ICTの提供価値は業務効率化やコスト削減から付加価値向上や関係性の構築へ、提供領域はバックエンドからフロントエンドへ、プレイヤーは伝統的な金融機関と伝統的なICT企業からデジタル企業やスタートアップ企業へ、このようなICTの変化がFintechの意味に大きな変化をもたらしている。

　ここで、金融、主に銀行におけるICT活用の変遷について触れたい。古く、わが国の金融ICTは高度経済成長期における企業の豊富な資金需要に応え、その原資となる預金を効率的に吸収することを目的に、勘定系システム、営業店システム、ATMなどが整備されている。その後、金融自由化、バブル経済の崩壊とデフレ経済の持続といった時代の変遷に伴い、国際系システム、資金証券系システム、経営管理系システムなどへとその範囲を拡大している。現在のポスト3次オンと呼ばれる世代のシステムにおいては、1996年以降のいわゆる金融ビッグバンやICTの高度化に促され、新商品開発やデリバリーチャネルの拡充、コンプライアンス強化などを中心とした変革が進んでいる。しかしながら、3次オン以降の外部環境、すなわち金融システムの利用者である消費者や企業の潮流、ICTの急激な進化を鑑みるに、金融システムはこれまでの延長線上にはない非連続な変革が求められる転換期を迎えていると考えられる。Fintechの潮流は、このような転換期を迎える金融におけるICT活用には重要な意義を持っている。

## ❸ Fintechの背景

### (1) テクノロジー

　機能としての金融の本質は情報生産と情報流通にあると考えることもできる。借り手の情報を収集・分析して与信判断を行って融資を実行することは、金融の情報生産機能そのものであるが、広く情報処理や情報流通ととらえた場合、このような領域はICTが非常に得意とするところであるといえる。したがって、ICTの急速な進展は、当然に金融サービスに大きな変革をもたらし、Fintechが躍進を遂げる背景のひとつになっている。ここで、Fintechの推進要因であるICTの進化について、もう少し詳しくみていきたい。

　2011年に世界一の性能となった理化学研究所のスーパーコンピュータ「京」の例をとるまでもなくコンピュータの性能向上には目を見張るものがある。京はその名のとおり1秒間に1京回の計算（浮動小数点演算）が可能な性能（10P FLOPS）を持っている。これは極端な例ではあるが、同様に浮動小数点演算の処理能力をみれば、前世紀末の1999年に一般に販売されていたスーパーコンピュータの演算処理能力が10G FLOPS弱であったのに対し、現在発売されている最新のスマートフォンの演算処理能力は300G FLOPSを超えている。また、総務省情報通信政策研究所の「平成26年情報通信メディアの利用時間と情報行動に関する調査」（2015年5月）によると、2014年調査においてスマートフォンの普及率は62.3％、20代だけでみると9割を超え、スマートフォンはわが国の利用者にとっても最も普及したコンピュータになっている。すなわち、この20年弱の間にかつてのスーパーコンピュータの30倍以上の処理能力を持つスマートフォンが広く一般の利用者に行き渡っていることになる。これは金融サービスを提供するプレイヤーにとって劇的な変化であるといえるであろう（図表1－3）。

■図表1−3　コンピューティングパワーの天文学的向上

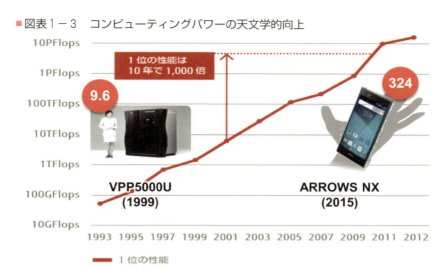

（出所）　富士通株式会社調査資料より

　これに加えて、情報生産という観点から考えた場合、ICTの進化に伴うデータの増大とデータを処理・分析する技術の向上は重要な意味を持つ。2012年のICT市場調査会社、IDCのデジタルユニバースに関する調査によると、2012年時点で2.8ゼタバイトとされた全世界のデータ量は2020年には40ゼタバイトを超えると予測されている。このようにデータ量が飛躍的に増大しているのみならず、HadoopやCEP（複合イベント処理）といったいわゆるビッグデータ技術の進展により、従来活用が困難であった大量、非構造なデータを事業に活用することが可能になりつつある。また、機械学習、深層学習、人工知能（AI）といったキーワードが示唆するようにこれらのデータを分析する際の方法論も広がっており、データ量とその処理・分析の両面における技術革新を通じてより多くの領域でデータを活用した意思決定が可能となっている。
　従来、金融サービスの提供には、幅広い支店やATMネットワーク、大規模な情報システムといった装備が必要であったが、技術革新がこのような参

第1章　Fintechとは何か？　■　9

入障壁を大きく引き下げている。デジタル企業やスタートアップはこのようなICTを最大限活用し、従来の金融サービスにはなかった利便性の高いサービスを効率的に提供することで、急速にそのサービスを拡大している。Fintechの潮流はこのような背景に促進されている。

## (2) ミレニアル世代

Fintechが注目を集める背景には、これまで述べてきたような技術面での変化に加えて、金融機関にとってのこれからの顧客層の価値観の変化と密接に関係している。少子高齢化が社会課題となっているわが国においては人口の太宗を占める高齢世代が事業の中心となりがちであるが、世界的にみると人口の持続的な増加が続いており、アジアやアフリカなどの新興市場に加え、移民を多く受容する米国などにおいても、若年層が未踏の市場機会としてとらえられている。Fintechはこのような世代が支持するサービスとして期待されている。

一般にミレニアル世代（Millennialは千年紀の意）と呼ばれるこれらの世代は、1980～1999年に誕生（年齢に換算すると2015年時点で16～35歳に相当）し、米国では人口の3分の1に当たる約8,400万人を占める。この世代は、下の年齢であれば銀行口座の開設、上の年齢は資産運用や住宅ローンを検討する世代に当たり、これからの金融サービスにとって中核となる顧客層であるといえる。Y世代やデジタルネイティブ世代と呼ばれるこの世代は、インターネットが普及した環境で育った最初の世代であり、一般的に情報リテラシーに優れる一方でこれまでの世代と価値観やライフスタイルに大きな隔絶があるともいわれている。たとえば、ITU（国際電気通信連合）の調査によると先進国の若者は86％、日本では99.5％が常時ネットワークに接続している。このようにミレニアル世代はデジタルサービスとの親和性が非常に高いのが特徴である（図表1－4）。

このようなミレニアル世代は、金融サービスに対してもこれまでの世代と異なるような考え方を持っているようである。音楽専門放送局MTVやパラ

マウント映画を傘下に持つ米国のメディア企業であるバイアコムが2013年に実施した調査によると、ミレニアル世代は伝統的な金融サービスよりデジタルサービスに対して親しみを感じている。これらの世代の33%は銀行がまっ

■図表1－4　米国における一般的な世代区分

|  | 生年 | 年齢（2015年時点） |
|---|---|---|
| GI世代（GI Generation） | 1901-1924 | 91-114 |
| 沈黙の世代（Silent Generation） | 1925-1946 | 69-90 |
| ベビーブーマー（Baby Boom Generation） | 1946-1964 | 51-68 |
| ジェネレーションX（Generation X） | 1965-1979 | 36-50 |
| ミレニアル世代（Millennial generation） | 1980-1999 | 16-35 |
| ジェネレーションZ（Generation Z） | 2000- | 0-15 |

（出所）　U.S. Chamber of Commerce Foundation, "The Millennial Generation Research Review" より筆者作成

■図表1－5　ミレニアル世代の金融サービスに対する考え方

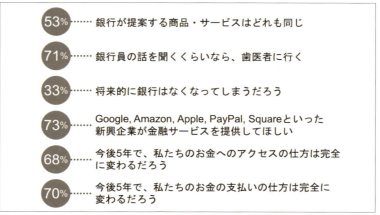

- 53%……銀行が提案する商品・サービスはどれも同じ
- 71%……銀行員の話を聞くくらいなら、歯医者に行く
- 33%……将来的に銀行はなくなってしまうだろう
- 73%……Google, Amazon, Apple, PayPal, Squareといった新興企業が金融サービスを提供してほしい
- 68%……今後5年で、私たちのお金へのアクセスの仕方は完全に変わるだろう
- 70%……今後5年で、私たちのお金の支払いの仕方は完全に変わるだろう

（出所）　Viacom Scratch "Millennial Disruption Index"（2014）より筆者作成

たく必要なくなるだろうと確信しており、53%は銀行の提案する商品・サービスはどこであっても同じであると考えている。さらには、71%が銀行の話を聞くくらいであれば歯医者に行くほうが良いと感じており、73%が伝統的な金融機関よりもGoogle, Amazon, Apple, Paypal, Squareといった新興企業が金融サービスを提供することを望んでいる（図表1 - 5）。

　このようにミレニアル世代にとって金融サービスは退屈で、親しみがなく、自分たちには関係が薄いものだと認識されている。同時に、この世代は伝統的な金融機関に対する信頼感が低い世代でもある。2007年に米国で発生したサブプライムローン問題に端を発した世界金融危機とその後の大手金融機関の救済をめぐって、"Occupy Wall Street"（ウォール街を占拠せよ）活動などにみられるように大手金融機関への反発が広がっている。デジタルサービスの浸透と伝統的な金融機関への反感を通じて、この世代は金融サービスに対して利便性だけでなく透明性や自己決定の要求も高めており、サービスの「民主化（democratize）」と表現される潮流を生み出している。Fintechもこのような潮流に沿うものであると考えられ、単なるブーム以上の動きとなっていると認識すべきであろう。

　翻って、わが国においては深刻な少子高齢化が進展し、短期的には比較的金融資産の多い高齢層が増加に伴い資産運用ならびに相続・資産承継などのビジネスの伸長が期待されるが、長期的にみた場合には人口減少により家計における金融取引の持続的な減少が予想される。今後、相続資産の受け皿となり、金融取引を行う中核となる世代は多かれ少なかれデジタルサービスに親しんでいる。これらの世代との結びつきを強くすることは、世代の総数が少ない分なおさら、わが国金融機関にとっても重要な課題となりえよう。

　一方、政府の観光立国推進に伴う訪日外国人の増加や長期的な生産年齢人口の不足を補うための居住外国人の増加の可能性により、今後、国内においても外国人の金融取引が増加するであろう。

　Fintech はその影響の大きさからも注目を集めている。コンサルティング会社Accentureのレポート "The Future of Fintech and Banking" によれ

ば、Fintech関連のベンチャー投資額はグローバルで2013年に約40億ドル（約4,800億円）であったものが2014年には前年比3倍の122億ドル（約1兆4,640億円）となっている。コンサルティング会社McKinsey & Companyのレポート"The Fight for the Customer"においてもFintechの影響力を示す多くの調査結果が示されている。同レポートによれば、金融業務のほぼすべての領域においてFintechの参入がみられ、特に決済業務においての影響が大きい。顧客セグメント別ならびに商品・業務別の収入に占める350の代表的なFintech企業のシェアをみると、最も高いリテール決済においては25%を占める。もっともFintechの参入が進んでいる決済分野では、リテールのほかに法人分野でも12%、大企業向けでも6%のシェアを占める。顧客セグメント別にみた場合に最も高いリテールセグメントにおいては、アカウントマネジメントで10%、融資で14%、資産運用や資本市場に関するサービスでも13%を占め、影響の大きさを物語っている。リテールビジネスはFintechにより、最も破壊的イノベーションに晒されるビジネスであるとみられており、2025年には特に消費者向け融資では利益の60%、収益の40%が失われると見込まれている。同様に決済や中小企業向け融資では利益の35%が失われるなど、多くの分野でFintechによる破壊的イノベーションの影響を受ける。

　利用者との接点に当たるフロントにおいては、利用者のモバイル取引の拡大を受け、モバイルバンキングアプリの提供などによる機能拡充が求められよう。また、スマートフォンを中心にパソコンでのインターネットや営業店などの各顧客接点での経験を統合する、いわゆるオムニチャネル化を促進するソリューションが提供される。現在、金融システムにおける顧客経験は、富裕層など特定の顧客層を除いて画一的なものであることが多いが、利用者ニーズの多様化とデジタルサービス普及に伴うコストの低減に伴い、それぞれの顧客にカスタマイズされたユーザーエクスペリエンス（以下、UX）を提供可能なソリューションが提供される。また、将来的には、デジタルサービスへの収斂に伴い、金融システムのフロントも異業種のサービスと統合さ

れ、あらゆるサービスから金融サービスへシームレスに遷移できるようになるであろう。

　金融システムのミドル領域においては、資産運用のアドバイスや新型融資の伸長といった市場トレンドを背景に、より高度な分析機能が求められるようになる。資産運用においては、ロボアドバイザーと呼ばれるデジタルチャネルを通じて自動的に運用諮問を行えるサービスが登場する。また、新型資金調達の領域ではいわゆるクラウドファンディングやマーケットプレイスレンディングに代表される債権を小口分散して共同で出資するサービスの普及が予想される。これらのサービスを実現するにあたっては、ソーシャルメディア上の情報やスマートフォンの位置情報などのライフログと呼ばれる情報や、企業活動における商流情報やビジネスに活用される各種センサー情報などの大量の非構造データについての活用が進む。これらのデータをマーケティングのレコメンデーションやリスク管理に利用し、個別の利用者に訴求する商品提案やリスク判定をするための分析モデルが提供されることになる。また、分析機能が高度化することにより自然言語解析が進み、バーチャルエージェントと呼ばれる会話や文章の入力といった自然なインターフェースで取引が可能なコンシェルジュサービスの登場にもつながるであろう。

　金融システムのバック領域においては、利用者との接点としてフロント領域や、分析基盤となるミドル領域などと比較すると、利用者に対して直接的に新しい価値を創造する領域ではないことから、よりいっそうの業務やシステムの軽量化と現代化（モダナイゼーション）が求められる。また、他の金融機関、公的機関、異業種に加えて、仮想通貨への対応などの新しいサービスなどと連携して利用者ごとに最適なサービスを組み合わせて提案する機会が増加することから、複数のサービスやシステムから利用者ごとにカスタマイズしたうえで商品が組成できるシステムや、他の企業、団体、サービスとのデータやプロセスを連携するためのネットワークが整備される。このようなサービスが登場することで、金融サービスのアンバンドリングがいっそう促進されることになると予想される。

## (3) 技術トレンド

　金融機関において、直近において導入が進む革新的技術には、スマートフォンやタブレットといったいわゆるスマートデバイスの導入やクラウドコンピューティングの導入があげられる。スマートデバイスは、現在、もっぱら個人での利用が多いことから、現状は金融機関のサービスも個人向けのサービスが多い。今後、法人においてもスマートデバイスの活用が浸透していくと考えられることから、広範な金融サービスがスマートデバイス上で展開されることになる。また、金融機関の職員向けのアプリケーションもスマートデバイスを介して提供される事例も出てきている。また、中期的にはいわゆるウェアラブル端末といった新しい形態の通信端末の普及が予想され、金融サービスもこのような端末上で提供されるようになるものと考えられる。

　ウェアラブル端末の普及に伴い、これらの端末におけるサービスのインターフェースも進化するものと予想される。機械学習、深層学習といったデータ分析技術の高度化に伴い、自然言語解析処理が洗練され、人と対話する感覚の自然なインターフェースを持ったユーザーインターフェースが一般化する。また、店舗などの物理的な拠点においては、ロボティクスが活用され、ロボットが金融取引のサポートをするケースも登場しよう。

　システム構築・運用におけるコスト削減や迅速なサービス導入を目的として、クラウドコンピューティングの導入が進んでいる。現時点では、営業支援システムや情報共有システム、電子メールといった一部システムに導入されるに留まっているが、中長期的には基幹系システムの一部機能を含め、広範な機能がクラウド上で運用されることも考えられる。今後、金融サービスが他の金融機関や公的機関、異業種、グローバルなサービス提供者と連携して、組み合わせでサービスが提供されるようになるためには、クラウドサービスをベースに共通のAPI（アプリケーション・プログラム・インターフェース）で連携する形態をとるものと考えられる。そのために、複数サービスの

APIを管理するためのAPIマネジメント技術が拡充していくことになるであろう。

　また、フロントエンドにおけるスマートデバイスの活用やクラウドベースでの共通APIを通じたサービス連携など、システムがネットワークを介してつながり、デジタルサービスとして提供されるようになると、従来以上にセキュリティ技術やシステムリスクのコントロール技術の高度化が求められよう。すでに、従来より実施されている通常の情報セキュリティ対策に加えて、サイバーセキュリティへの対策強化が始まっている。今後は、利用者や職員の経験を毀損せずにより高いセキュリティを実現できる生体認証やビッグデータ分析を活用した予測的なセキュリティなど、新たなセキュリティ技術が普及・浸透していくことで、より実効的なセキュリティが実現することになるだろう。

# 第 2 章

## 拡大するFintechサービスの特徴

## ❶ Fintechスタートアップが提供するサービスが既存の金融ビジネスを浸食する？

前章で述べたように、Fintechと呼ばれるトレンドは急激なテクノロジーの進化ならびにミレニアル世代を中心とした顧客の価値観の変化に影響を受けている。大手金融機関トップの発言をみても、Fintechのトレンドが金融機関からみて、ある面では脅威としてとらえられていることがわかる。こうした背景には、Fintechスタートアップが提供する新たな金融サービスがミレニアル世代を中心とする将来の中核的な顧客層から支持を集め、最終的には既存金融機関によるサービスを代替してしまうのではないかとの危機感があるためであろう。

■図表2-1　既存の金融サービスを浸食する主なFintech企業

（出所）　各社Fintech企業サイトより筆者作成

図表 2 － 1 は、銀行における代表的なサービス分野ごとに、代替的なサービスを提供しているFintechスタートアップを示したものである。注目すべきは、伝統的な銀行のサービスの多くは、Fintechスタートアップが提供するサービス（以下、Fintechサービス）によって代替されるおそれがあるという事実である。サービスへの参入が認められない、あるいは比較的少ない分野としては、営業店そのもののような大がかりな物理的なチャネルを必要とするものや法人の設備資金融資といった専門性が高く与信リスクが大きい業務に限られる。また、これら分野に関しても現時点でFintechサービスの参入がみえないだけであり、今後、新たなサービスの参入が増える可能性はおおいにありうる。

　このように銀行サービスという限られた分野においても多くのFintechスタートアップが参入しているが、実際のところFintechスタートアップはグローバルでどの程度存在するのだろうか？　Fintechスタートアップについて、明確な定義がないため、その実数を把握することはむずかしい。ここでは、投資家とスタートアップをつなぐソーシャルメディアプラットフォームを運営するAngelListに登録されているスタートアップの数から推測してみることにしたい。AngelListにおいてFinance Technology Startupsとして登録されているスタートアップは、2016年 1 月現在で1,623社存在する[1]。また、主にスタートアップ関連のリサーチやコンサルティングを手がけるVenture Scanner社が2015年10月に公表した調査結果では、1,362社にのぼる[2]。これらの数値は、あくまでなんらかのかたちで一般に公表されたスタートアップの数であり、実際にはそれ以上のスタートアップが登場している可能性もある。このように、少なくとも1,000を超えるFintechスタートアップがグローバルに活躍し、金融機関のビジネスを浸蝕しつつあるのである。

---

1　AngelList検索結果より（2016年 1 月31日参照）https://angel.co/finance-technology
2　Venture Scanner「FinTech At a Glance」（2015年10月15日）http://insights.venture
　scanner.com/2015/10/15/fintech-at-a-glance/

## ❷ Fintechサービスの分類

　昨今のFintechサービスは、既存金融機関のビジネスに代替する可能性を秘めた、Disruptive（破壊的）な側面を持つものである。しかしながら、このDisruptiveな側面のみに注目することはFintechサービスの全体像を正しくとらえているとは言い難い。Fintechには、ICTを活用した付加価値の高い金融サービスを提供することで、伝統的な金融機関と競合関係にあるもの

■図表２－２　Fintech 企業が提供するサービス

| | | | |
|---|---|---|---|
| エンドユーザー向け | 送金／決済 | ■ 資金決済や送金サービスの代替または機能向上<br>■ 代表的なサービス：<br>　● P2P決済／送金サービス、暗号通貨決済、モバイルウォレット、モバイルPOS、カード管理 など | ■ 機能横断的な金融サービス（預金、融資、決済）の代替または機能向上<br>■ 代表的なサービス：<br>　● Neobankなど |
| | 融資／資金調達 | ■ 融資や資金調達サービスの代替または機能向上<br>■ 代表的なサービス：<br>　● マーケットプレイス／P2Pレンディング、クラウドファンディングなど | |
| | 預金／資産運用 | ■ 預金や資産運用サービスの代替または機能向上<br>■ 代表的なサービス：<br>　● PFM、ロボアドバイザー、オルタナティブ投資など | |
| | その他の周辺機能 | ■ 金融サービスの周辺サービスとして金融機能の利用時の利便性や付加価値の向上<br>■ 代表的なサービス：<br>　● ゲーミフィケーション、経費管理、給与管理、売掛・請求書管理、経営ダッシュボードなど | |
| 金融機関向け | フロントエンド | ■ 金融機関のフロントエンドの効率化または付加価値向上<br>■ 代表的なサービス：<br>　● UX／UI、オムニチャネルソリューション、音声認識など | |
| | インフラ／プラットフォーム | ■ 金融機関の内部業務・システムの効率化または付加価値向上<br>■ 代表的なサービス：<br>　● セキュリティ、データ分析（マーケティング、リスク管理）、外部接続 など | |

と、伝統的な金融機関と協業して利用者への価値を高めるものがあり、対立的な構造でとらえるのは一面的である。以下では、金融機関のビジネスを代替する可能性を秘めたFintechサービスに加えて、金融機関のサービスの高度化に貢献するFintechサービスも含め、Fintechスタートアップによるサービスの全体像を写像したい。

Fintechサービスは、大きく分けて、エンドユーザー向けサービスと金融機関向けサービスに分類することができる（図表2‐2）。エンドユーザー向けサービスについては、銀行の三大業務、すなわち預金、融資、為替とその活用領域が拡大している。エンドユーザー向けのFintechサービスは、もともとリテール決済を中心に提供されてきたが、近年ではその提供サービスが拡大し、融資や預金に近いサービスも登場している。また、個人（消費者）向けだけではなく個人事業主や法人向けサービスも数多く登場している。これらの業務は、従来銀行の固有業務とされてきたものであり、換言すれば、お金の仲介や決済という金融における根源的な価値に直結するものである。ここでは、送金／決済、融資／資金調達、預金／資産運用に加えて、その周辺領域までを含めて、エンドユーザー向けFintechサービスとして定義する。

金融機関向けサービスについては、金融機関とエンドユーザーをつなぐ接点を対象としたフロントエンドサービス、金融機関の内部業務やシステムを対象としたインフラ／プラットフォームサービスに大別される。フロントエンドサービスとは、金融機関が顧客に対してそのサービスを届ける機能であり、具体的にはユーザーエクスペリエンス（UX）と呼ばれるデザインや使い勝手を意識したものや、そこで提供されるサービスやコンテンツそのものを指す。一方のインフラ／プラットフォームサービスとは、顧客へのサービス提供を支えるために必要となるさまざまな機能群のことを指し、セキュリティに関するサービスや、その他のシステム基盤を含む。特に近年では、データ分析のための基盤提供などが注目を集めており、金融サービスのよりいっそうの強化が見込まれる。以下では、それぞれの分野におけるFintechの動向とそれを支える具体的なサービスについて紹介したい。

# ❸ 送金／決済サービス

　送金／決済サービスは、かねてより多くのFintechスタートアップが参入した領域であるとともに常に技術的な革新が起こっている領域でもある。これまでに数千を超えるスタートアップが登場し、そのサービスの革新をリードしてきた経緯がある。1998年に設立され、わずか15年あまりで毎月全世界の1億7,000万人以上が利用するEC決済サービス大手のPayPal、モバイルPOSと呼ばれる新たなサービス分野を開拓し、いまや年間3兆円もの決済を取り扱うSquareなど、送金／決済サービス分野では常に革新的なサービスが誕生しており、グローバルに決済サービスの高度化を牽引している。さらに昨今ではビットコインに代表されるいわゆる仮想通貨を活用した送金／決済サービスなど、既存の決済基盤そのものを根底から覆そうとする新たな動きも生まれている。

　送金／決済サービスの分野において短期間にこのような革新的なサービスが続々と誕生した背景には、インターネットをはじめとしたICTの発達が大きく影響している。1990年代後半からインターネットの利用が一般化したことにより、ECサイトでの決済や遠く離れた個人間のコミュニケーションに伴うお金のやりとりといった新たな送金／決済ニーズが急拡大したことが要因として考えられる。現に、代表的なプレイヤーであるPayPalも2002年にオンラインオークションやECサイトを手がけていたeBayに買収され、その決済を担っていたことが今日のサービス拡大に大きく影響している。また、スマートフォンなど新たなデバイスが短期間で急速に普及した側面も見逃せない。モバイルPOSサービスを手がけるSquareは、2000年代末に急速に普及したスマートフォンを活用することで小規模な小売事業者でも活用できるカード決済サービスを普及させている。

　以下では、こうしてICTの発展とともに急拡大した決済サービスの現状について個別にみていきたい。

## (1) Fintechサービスのパイオニア─PayPal─

　いまや世界有数の決済サービス事業者であるPayPalは1998年に創業した。同社の特徴的なサービスには、ECサイトを中心にワンクリックで簡単に利用できるオンライン決済サービスやPayPalアカウントを有する利用者同士でのお金のやりとりが行える利便性の高い送金サービスといったものがある。現在、PayPalは全世界203の国と地域で利用され、月に一度以上利用する利用者（MAU）だけで1億7,300万人を数える（2015年第4四半期）。年間の決済取扱高は2,820億ドル（約33兆円）を超え、クレジットカード国際ブランドであるJCBの年間決済取扱高（約22兆円）を凌駕する[3]。PayPalは、前述のとおり2002年にeBayに買収されたが、その事業の成長により2015年5月にスピンアウトして再上場を果たすなど、スタートアップというカテゴリを超えた大手決済サービス事業者として不動の地位を築いている。

　このようにPayPalは、短期間で世界のクレジットカード国際ブランドの一角と肩を並べるまでに成長しているが、こうした背景にはオンラインでの利便性の高い決済サービスに加えて、オフライン（実店舗）での決済にもそのサービスを拡大するなど自社のサービスの提供範囲を有機的に拡大してきた点があげられる。たとえば、PayPalでは、PayPalアカウントにクレジットカードや銀行口座といった決済情報を登録することで、ECサイトでの決済をワンタッチで完了することができるほか、アカウント同士での送金も行うことができる。また、PayPalアカウントに登録された決済情報は、オフラインでの決済にも利用でき、実店舗の加盟店においてもスマートフォンアプリによりワンタッチでの決済を実現している（図表2－3）。PayPalでは、こうしたアプリによる決済にも力を入れており、モバイル決済の取扱高は年間で660億ドル（約7兆9,200億円）を超え、PayPal全体の決済ボリュー

---

3　PayPal Webサイトより（2016年1月31日参照）https://www.paypal.com/webapps/mpp/about

ムの25％あまりを占める[4]。

　PayPalは、オンライン／オフライン双方での決済における利便性向上に向けたサービスの拡大に余念がない。特に昨今では、決済ネットワークの拡充を目的に積極的にほかの決済系スタートアップの買収を図っている。2012年10月には、EC決済／個人間送金を手がけるBraintree社を買収した。Braintreeは、UberやAirbnbといったスマートフォン上で急拡大するサービスに向けて決済基盤を提供しており、同社の傘下にある個人間送金プラットフォームであるVenmoもまた若年層を中心に支持が広がっている。2015年7月には、海外送金サービスを手がけるXoomを買収、さらに8月にはEC決

■図表2－3　PayPalが提供する多様な決済手段

（出所）　PayPal Webサイト、PayPal Appstoreより

---

4　PayPal Webサイトより（2016年1月31日参照）https://www.paypal.com/webapps/mpp/about

済プラットフォームであるModestを買収した。このようにPayPalでは、自然増だけでなく買収を通じた自社グループの決済ネットワーク拡大についても積極的であり、今後、自社内であらゆる送金／決済を手がける巨大決済ネットワーク企業へと変貌していくかもしれない。

　こうした決済ネットワークの拡大のみならず、PayPalは送金／決済以外にもそのサービス提供範囲を拡大している。同社が提供するPayPal Working Capitalと呼ばれるサービスにおいては、自社の加盟店に対して運転資金を提供している。この際、同社は加盟店の決済トランザクションデータをもとに融資審査を実施する。加えて、その資金はPayPalアカウントに自動入金され、返済もPayPalアカウントへの入金から自動的に差し引かれる。PayPal Working Capitalでは、決済データによる融資審査とPayPalアカウントを活用した資金回収により、デフォルト率を抑えるなど既存の融資と異なる特徴がみられる。

　このようにPayPalでは、自社の決済ネットワークを拡大するとともに、そのネットワークから生み出されるデータを活用し、自社サービスのエコシステムを拡大させている。すでに、PayPalアカウントを有する利用者向けにはプリペイドカードを提供するなど預金口座を代替するようなサービスまで手がけている。つまり、送金／決済サービスを軸として、金融機関の固有業務である預金・融資・決済をPayPalが独自に再現しており、PayPalにアカウントを有することで金融機関とは異なるかたちでさまざまな金融サービスにアクセスすることができるのである。

　ここまでみてきたようにPayPalでは、決済サービスを超えたエコシステムの構築を目指しており、そのサービスは常に進化を続けている。加えてPayPalは、こうしたサービス上のエコシステムに留まらない人的なネットワークにおいても一つのエコシステムを構築している。創業から15年以上を過ぎ、創業者であるピーター・ティールをはじめとしてその多くがPayPalを離れているが、彼らの結びつきは強く、シリコンバレーにおいて大きな影響力を発揮している。いつしかその結びつきの強さと影響力の大きさから

第2章　拡大するFintechサービスの特徴　■　25

「PayPalマフィア」とメディアから取り上げられ、シリコンバレーにおける「成功」についての一つのロールモデルとなっている（図表2-4）。たとえば、共同創業者の一人であるピーター・ティールは、PayPal退社後、ベンチャーキャピタリストとしてFacebookなど数多くのシリコンバレーの有望企業に投資している。また、PayPalの共同創業者兼CTOであったマックス・レブチンは、その後、Affirmと呼ばれるミレニアル世代をターゲットとしたFintechスタートアップを起業するなど、Fintech業界にかかわり続けている。そして、電気自動車メーカー、テスラモーターズや宇宙ロケット開発のSpaceXなど次世代の有望企業を次々と立ち上げたイーロン・マスクもまた、創業間もない自らのFintechスタートアップであるX.comにおいてPayPalと接点を持っていた。このほかにもYouTube、Yelp、LinkedInなど近年のネット上においては欠かせないサービスの多くは、PayPal出身者によって創業された経緯があり、PayPalがシリコンバレー、さらにはネット

■図表2-4　シリコンバレーで多大な影響力を与えるPayPalマフィア

（出所）　Fortune.com "The PayPal Mafia"（http://fortune.com/2007/11/13/paypal-mafia/）より

サービスの世界にもたらしたインパクトは計りしれないものがある。
PayPalはFintechサービスの革新、さらにはシリコンバレーを牽引する人的
ネットワークの形成という両面からFintechにおけるパイオニアとして認知
されているのである。

## (2) 新たな決済サービス領域の創出—Square—

送金／決済サービスにおいて、PayPalと並んで注目を集めるのが、
Squareである。Squareは、Twitterの共同創設者であるジャック・ドーシー
がTwitter退社後の2009年に創業した決済サービス会社である。同社のサー
ビスは、モバイルPOSサービスと呼ばれ、スマートフォンに小型のカード
リーダーを挿し込むことで、これまでクレジットカードで支払いを受けられ
なかったような個人事業主や中小企業に対して手軽に決済サービスを提供す
るものである。サービス開始のきっかけは、ドーシーの友人がある日、顧客
に自身の商品を売ろうとしたところ、クレジットカード決済が利用できない
ため、みすみすその商品を売る機会を逃した経験をもとにしたといわれてい
る。このエピソードから着想を得たドーシーは、スマートフォンを信用照会
端末のように利用できるクレジットカードリーダーを生み出し、それが瞬く
間にモバイルPOSという新たな決済サービス領域として認知されるまでに成
長したのである。

Squareのサービスの特徴は、イヤホンジャックに挿入する小型のカード
リーダーを用いて、スマートフォンといった身近なデバイスを信用照会端末
に置き換え、通常よりも低廉な加盟店手数料でクレジットカード決済サービ
スを提供する点にある。同社は、信用照会端末の設置コストや加盟店手数料
の高さからクレジットカード決済を導入できなかった事業者に対してサービ
ス提供を行うことで、新たな顧客層を開拓した。一方、このビジネスモデル
自体は模倣しやすいものでもあり、日本においても楽天による楽天スマート
ペイやCoineyをはじめとした複数の事業者が同様のサービスを展開し、
Square自身も2013年5月より日本でサービスを開始している。また、各国

第2章　拡大するFintechサービスの特徴　■　27

において同様のサービスを提供する主な事業者は30を超えるといわれており、米国では、PayPalに加えてAmazonまでもが一時はモバイルPOSサービスに参入するなど、激しい競争が繰り広げられている（図表2-5）[5]。

　競合との競争が激化するなか、Squareは2015年11月にIPO（新規株式公開）を果たした。その際に公表された同社の業績は、Squareがビジネスとして必ずしもうまくいっていないことを示唆している。SquareがIPOにあたって、米国証券取引委員会に提出したS-1と呼ばれる上場申請書によれば、Squareの2014年の業績は、売上8億5,019万ドルに対して、その損失は1億5,409万ドルとなっている[6]。Squareの収益構造上、その決済取扱が増加するほどカード発行銀行やVisaやMasterCardといったクレジットカード国際

■図表2-5　日米欧における主なモバイルPOSサービス事業者

| 地域 | サービス名 | 事業者 | 初期費用 | | 決済手数料 |
|---|---|---|---|---|---|
| 北米 | Square | Square | 無料 | | 2.75% |
| | PayPal Here | eBay(PayPal) | 無料 | | 2.7% |
| | GoPayment | Intuit | 無料 | | 2.4% |
| | MobilePay | Bank of America | 無料 | | 2.7% |
| | Amazon Local Register | Amazon | 無料 | | 1.75% |
| 欧州 | iZettle | iZettle | 無料 | （別途カードリーダー代） | 2.75% |
| | Payleven | Payleven | 無料 | | 2.75% |
| | streetpay | streetpay | 無料 | | 1.95% |
| | SumUp | SumUp | 無料 | （別途カードリーダー代） | 1.95% |
| 日本 | PayPal Here | ソフトバンク，PayPal | 無料 | （別途カードリーダー代） | 3.24% |
| | 楽天スマートペイ | 楽天カード | 無料 | | 3.24% |
| | Coiney | コイニー | 無料 | | 3.24% |
| | Square | Square | 無料 | | 3.25% |

（出所）　各社商品紹介サイトをもとに筆者作成

---

5　Amazonは、2015年10月30日にて新規申込みを停止中
6　UNITED STATES SECURITIES AND EXCHANGE COMMISSION「FORM S-1 REGISTRATION STATEMENT Under The Securities Act of 1933 SQUARE, INC.」（2016年1月31日参照）https://www.sec.gov/Archives/edgar/data/1512673/000119312 515343733/d937622ds1.htm

ブランドへの支払手数料が増加することとなっている。加えて、その他の営業面におけるコストも増加しており、赤字につながっている。したがって現状のSquareのビジネスモデルにおいて、単なる決済サービスだけでは構造的に赤字であることから、その周辺領域も含めたサービスへと発展・拡張していくことが求められている。

Square自身もこのような構造的な課題に対して、単なるモバイルPOSサービスだけでなく、そのサービスを多方面に展開しようとしている。たとえば、2014年5月、利用者向けの注文アプリSquare Orderを発表（2015年3月終了）、その後すぐに加盟店が顧客からのフィードバックを受け取れるSquare Feedbackを立て続けに発表した（Square Customer Engagementに統合）。また、2014年6月にはSquareを利用している加盟店の売上データを分析し、最適な金利で運転資金を提供するSquare Capitalというサービスを開始するなど、矢継ぎ早に新たなサービスを提供している。Squareは、その加盟店が創業からそのビジネスを発展させていくうえで必要となるサービスをラインナップすることでビジネスを拡大しようとしている（図表2－6）。

■ 図表2－6　Square（米国）が提供する周辺サービス

| カテゴリ | サービス名 | 概要 |
|---|---|---|
| 加盟店向け | Payments | クレジットカード決済サービス（NFC決済にも対応） |
| | Point of Sale | POSシステムの提供 |
| | Invoices | オンライン請求書発送サービス |
| | Gift Cards | オリジナルギフトカード発行＆管理サービス |
| | Dashboards | 売上をはじめとした経営指標を管理ツール |
| | Employee Management | 従業員管理ツール |
| | App Marketplace | Squareのシステム上で利用できるサードパーティアプリの提供 |
| | Payroll | パート従業員等を対象とした給与管理サービス |
| | Appointments | オンライン予約管理サービス |
| | Capital | 運転資金提供サービス |
| | Online Store | オンラインストア開設サービス |
| | Customer Engagement | 顧客管理サービス（メッセージ配信、フィードバック管理等） |
| | Caviar | オンラインフードデリバリーサービス |
| 個人向け | Cash | 個人間での送金サービス |

（出所）　Square Webサイトの情報をもとに筆者作成

Squareのビジネスモデル自体、試行錯誤が続いており、今後いかなる成長を遂げるかは未知数であるが、モバイルPOSサービスと呼ばれる新たな決済サービスの領域をつくりあげたことは画期的であるといえよう。モバイルPOSサービスは短期間のうちに全世界で同様のサービスが展開され、こうした流れは、銀行やクレジットカード会社のアクワイアリングビジネスを浸蝕するまでに成長している。このような潮流を背景に、Squareの進化系ともいうべきサービスが誕生しつつある。シリコンバレーに拠点を持つCloverは、EMV[7]、NFC[8]など磁気カードに留まらないさまざまな決済に対応し、さらにレシートプリンタを内蔵した端末を数種類発表している（図表2－7）。同サービスでは、単にこうした決済端末を提供するだけでなく、多くのFintechスタートアップや事業者と提携し、この端末上で利用できるアプリ開発を行う基盤を提供している。これにより、たとえば、売上データを管理する販売管理アプリや運転資金を調達することができる融資機能など、

■図表2－7　Cloverが提供する多機能モバイルPOSターミナル

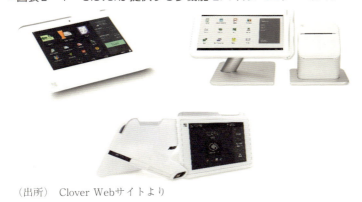

（出所）　Clover Webサイトより

---

7　EMVとは、Europay,MasterCard,VISA protcolの略称で、ユーロペイ、マスターカード・インタナショナル、ビザ・インターナショナルの間で合意したICカードの統一規格。
8　NFCとはNear Field Communication（近距離無線通信規格）の略称であり、10cm程度の短い距離での通信を行うための国際標準規格。

サードパーティにより提供されるさまざまなアプリやサービスが決済端末内で利用可能となっている。

このようにSquareが築き上げたビジネスモデルとそのサービスは、まさにクレジットカード決済ビジネスを変革させた。Fintechスタートアップによる新たなビジネスモデル変革は、たとえそのパイオニアがビジネス的にうまくいかない場合であったとしても、一つの潮流を生み出すという象徴的な例であるといえよう。

### ⑶　急成長する次世代の決済サービス─Braintree, Stripe─

送金／決済サービスの領域では、PayPalやSquareといった企業により、新しい市場が開拓され、多くのスタートアップがそのサービスを提供している。今後、こうした利便性の高い決済サービスはオンライン決済や実店舗での決済だけでなくスマートフォン上での決済にまで広がっていくことが予想される。こうした領域において、いち早く決済サービスを提供することで急成長しているスタートアップが存在する。一つは、タクシー配車サービスのUberや自宅などを宿泊先として提供するいわゆる「民泊」サービスを提供するAirbnbといった現在急成長するアプリサービス事業者に対してその決済インフラを提供しているPayPal傘下の決済企業Braintreeであり、もう一つは、いまやPayPalのライバルとして注目されており、シンプルなコードを埋め込むだけで簡単に決済環境を構築できるサービスを提供するStripeである。

Braintreeは、もともとは独立したスタートアップであったが、2013年9月、PayPalにより買収された。現在はPayPalの傘下ながら、独立性を維持したまま決済サービス事業者としてサービスを提供している。同社のサービスの特徴は、自社ECサイトの環境に簡単に決済機能を付与することができ、利用者にとってもワンタッチでさまざまな決済手段に対応するといった利便性の高い仕組みを構築していることにある。このほか、利用者側にメリットのあるサービスとして、Braintreeが提供する決済サービス上で支払

第2章　拡大するFintechサービスの特徴　■　31

いに必要な情報を入力すると、Braintreeを採用している他のアプリやECサイトにも情報が引き継がれ、一から情報を入力することなく、ワンタッチで決済が行える機能を提供している（図表2－8）。Braintreeは、こうした加盟店と利用者双方にとっての利便性の高さが評価され、現在では、その決済取扱高が500億ドル超、利用者のカード情報は1億5,400万枚を超える。また、加盟店数も9万店とPayPal内においても重要な決済プロバイダーとして成長していることがうかがえる[9]。

一方のStripeもまた、事業者側にとって簡潔な仕組みで決済機能を付与できるサービスとして近年急拡大しているスタートアップである。Stripeの特徴は、自社ECサイト内にシンプルな数行のコードを入力することで簡単に決済機能が付与できる仕組みを提供することにある。ECサイト内に決済機能を組み込む場合、決済代行事業者などと契約し、その決済代行事業者が提

■図表2－8　Braintreeを用いた決済イメージ

（出所）　Braintree Webサイトより

---

9　PayPal Stories（2015年9月18日）https://www.paypal.com/stories/us/two-years-after-acquisition-braintrees-authorized-payment-volume-to-cross-50-billion-this-year

供する決済機能を自社サービス内に組み込むことが多い。このような決済代行業者の機能を利用するにあたっては、決済代行事業者のサイトに一度画面を遷移させ、決済代行業者サイトで決済情報の入力と処理を実施させるか、自社システム内に機能を配置して決済代行業者やカード会社に決済情報を送信するかのいずれかの方式をとることが一般的である。前者のように決済代行業者のサイトに遷移させ決済処理を行う方法では、UXが断絶してしまい、ECサイトとしては顧客の離脱が懸念される。一方、後者のようにECサイト内に決済機能を開発し、決済代行業者やカード会社の情報を送信する方法を採用した場合、前述のようなUXに関する問題は解決するが、決済情報がECサイト内に残ってしまうリスクがあり、PCI-DSS[10]などクレジットカードのセキュリティ基準に対応するコストが発生する。Stripeは、この両方の問題を解決するソリューションを提供する。Stripeの場合、前述のようにコード入力により、ECサイト内にStripeの決済機能を組み込むことができるため、画面遷移といったUXを阻害する問題が解決される。また、この際、クレジットカード番号などの決済情報については利用者のパソコンなどの端末で処理を行い、Stripe側に直接送信されるため、EC事業者のシステムには情報が残らず、セキュリティの問題も解決される。加えて、加盟店手数料は米国において2.9％＋30セントと抑えられていることも魅力である（図表2－9）。Stripeはこのように手軽に決済機能を付与できる利便性が大きく支持され、そのサービスを拡大中である。現在では、Uberのライバルと目されているタクシー相乗りサービスのLyftやFacebookなどの決済機能としても利用されている。

　このようにBraintree、Stripe双方の決済サービスにおいては、事業者側にとっては既存の環境への影響が小さく、低廉な手数料率でサービスを受けられることから、簡単かつ低コストで決済環境を整えることができる。利用者

---

10　加盟店やサービスプロバイダにおいて、クレジットカード会員データを安全に取り扱う事を目的として策定された、クレジットカード業界のセキュリティ基準（日本カード情報セキュリティ協議会より）。

■図表2-9　シンプルなコード入力で決済機能を提供するStripe

```
1    Stripe.apiKey = "sk_test_BQokikJOvBiI2HlWgH4olfQ2";
2
3    Map<String, Object> chargeParams = new HashMap<String, Object>
4    ();
5    chargeParams.put("amount", 400);
6    chargeParams.put("currency", "usd");
7    Map<String, Object> sourceParams = new HashMap<String, Object>
8    ();
9    sourceParams.put("number", "4242424242424242");
10   sourceParams.put("exp_month", 12);
11   sourceParams.put("exp_year", 2016);
12   sourceParams.put("cvc", "314");
13   chargeParams.put("source", sourceParams);
14   chargeParams.put("description", "Charge for test@example.com");
15
16   Charge.create(chargeParams);
```

（出所）　Stripe Webサイトより

にとってもUXに配慮された決済画面が提供されることで、オンラインやスマートフォンなどでストレスなく決済が行えるなどのメリットがある。今後は、スマートフォンアプリなどでの決済の増加が予想されるなか、簡単に決済環境を構築することのできる両者のサービスは今後ますます普及していくことが予想される。

## ⑷　決済とコミュニケーションの融合―Venmo―

BraintreeやStripeは主に法人向け（ECサイト）決済サービスの分野において新たな決済体験の提供を目指しているが、次に紹介するVenmoは個人間の決済サービス分野において新たな決済体験の提供を目指す。たとえば、PayPalでは個人間の送金にあたっては、メールアドレスを介して送金を行うこととなるが、いまやこうしたメールアドレスを活用したサービスすら、

旧式のものと認識されている。若年層を中心とした世代では、より簡単に、シンプルに、友人とのコミュニケーションのなかで自然に利用できるサービスが支持を集めている。Venmoは、前述のBraintreeが買収したコミュニケーションと決済サービスを融合させたサービスである。Venmoが提供するサービスでは、その送信先のリストをFacebookなどソーシャルメディアから取り込み、取り込んだリストから送金先を指定するだけで送金を行うことができる（図表2－10）。その手順は、スマートフォンのアプリから送金相手と金額を指定し、最後にメッセージを入力するといったシンプルなもので、Venmoユーザー同士であれば手数料無料、かつリアルタイムでの送金を可能とする。Venmoは2011年のサービス開始後、若年層を中心に多くのユーザーを獲得、2015年の年間の決済取扱高は75億ドルであり、これは、

■ 図表2－10　個人間でのお金のやりとりを加速させるVenmo

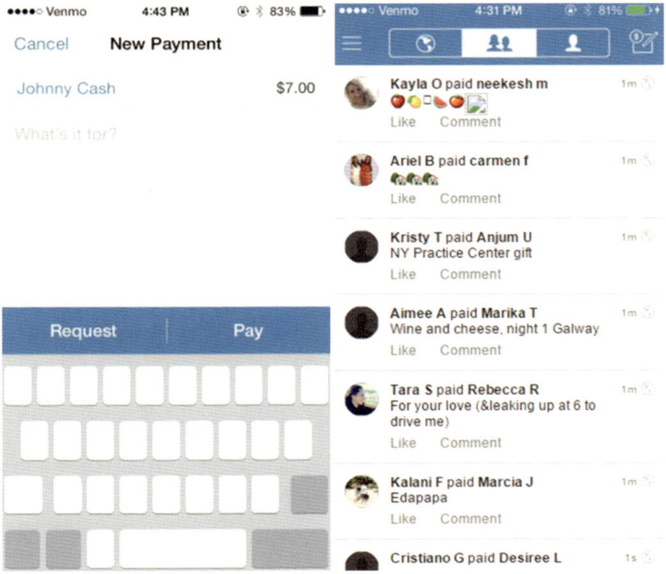

（出所）　Venmo Webサイトより

2014年と比較して３倍の伸びとなっている[11]。また、Venmoの利用者は、１週間に３、４回はVenmoで送金を行うとされており、その利用頻度の高さが特徴になっている。ちなみにVenmoという名称であるが、これ自体に意味はない。創業者がいうには、将来的に「Venmo＝決済する」というかたちで広く名称が広まるようその語感から命名した。わが国において若者が検索することを「ググる」というように、米国の若者の間では、"Can you Venmo me for 30$ ?"と、日常のコミュニケーションのなかにVenmoが入り込んでいるという。Venmoは若年世代のコミュニケーションスタイルにあわせた送金サービスの提供により、そのサービスを急速に拡大させた例であるといえる。今後は、ECサイトでの決済にも利用できるようサービスの拡張が発表されており、利用者の拡大にあわせてその利便性を向上させることで、Venmoによるエコシステムの構築を目指している。日本においても2014年よりメッセージングアプリサービスのLINEがLINE Payと呼ばれる送金／決済サービスを開始したのは記憶に新しい。こちらのサービスもLINEという多くの人々が利用するコミュニケーションツールに決済・送金機能を付与した、まさに日本版Venmoともいえるサービスである。今後の普及拡大が注目される。

　VenmoやLINE Payのようにコミュニケーションツールに送金機能を付与する動きは昨今の送金分野におけるトレンドの一つとなっている。Google Walletを展開するGoogleでは、米国と英国を対象にGmailを用いて送金が行える機能を提供する。同サービスは、Google Walletのアカウントを有する利用者であればGmailを起動し、ファイルを添付する感覚で簡単に送金額を設定してメールを送信することができる。同様にSquareでもSquare Cashと呼ばれる送金サービスを提供しており、PayPalもまたこうした動きに触発され、PayPal.Meと呼ばれるワンタッチで送金可能なサービスの提供を開始

---

11　PayPal Stories（2016年１月28日）https://www.paypal.com/stories/us/businesses-can-now-accept-venmo

している。

## ⑸　P2P型サービスによる海外送金分野の変革─TransferWise─

　このように決済サービスの革新は、インターネットを中心としたオンライン送金／決済の領域から始まり、現在ではスマートフォンなどより身近な分野でも積極的に活用されている。今後、その対象分野はさらに拡大し、これまで主として金融機関が担ってきた分野にもその浸蝕が広がっていくものと考えられる。その最たる例が海外送金の分野である。これまでの金融機関を介した海外送金では、相手方に送金が完了するまでに数日を要するうえ、その手数料も数千円程度かかることが多く、高コストなものであった。このため、一般の利用者にとって、海外送金はその仕組みもさることながら、高コストも相まって縁遠いサービスであったのではないだろうか。

　TransferWiseは、こうした一般の利用者にとって縁遠いサービスであった海外送金の領域をより身近なものとするような、大きな変革をもたらしている。同社のサービスは、P2P型の海外送金サービスとも呼ばれる画期的な方法により安価な送金を実現するもので、具体的な仕組みは次のとおりである。たとえば、日本在住の利用者Aが120万円を米国在住の友人Bに送金したい場合と、米国在住の利用者Cが1万ドルを日本在住の友人Dに送金したい場合、通常は利用者Aから友人Bに、利用者Cから友人Dに送金が行われる。この時、たとえば、1ドル＝120円のレートであった場合、日本の利用者AからDに、米国の利用者CからBに送金されれば、すべての取引は国内振込みとなり、海外送金時の高額な手数料が発生しない。TransferWiseが提供するのは、まさにこうした海外送金ニーズがある利用者同士を束ねることで、その送金にかかる手数料を削減するというものである。また、国同士の送金にあたっての交換レートは、インターバンク・レート（銀行間相場）と呼ばれる金融機関同士が取引を行う際の相場をもとにした独自のレートを採用することで、その手数料を抑えている。こうした仕組みにより、TransferWiseでは、通常の金融機関による海外送金に比べて、平均して90％も決

第2章　拡大するFintechサービスの特徴　■　37

済に係る手数料を削減できたとしている[12]。

　TransferWiseによると、2014年だけで約10億ポンド（約1,850億円）の送金を処理したとしている。同社は、元Skypeの社員によって創業されており、送金者同士をマッチングさせる仕組みには、Skypeの通信におけるマッチングのメカニズムを応用したという。このほかにも海外送金の分野では、P2P型の送金サービスを提供する事業者が続々と誕生している。Transfer-Wise自体は英国を本拠地とするサービスであるが、隣国のアイルランドからはCurrencyFair、米国にはPayPalが買収したXoomなど、続々とFintechスタートアップによる海外送金サービスが誕生している。海外送金の分野では、伝統的な金融機関以外にもWestern UnionやMoneyGramなど途上国からの出稼ぎ労働者が母国へ仕送りを行う際に利用することを目的としたサービスが発展・定着している。今後はこうした事業者に加えて新たに誕生したP2P型送金サービスなどが参入し、ますますサービス開発に拍車がかかるものと思われる。

## ⑹　仮想通貨を活用した決済サービスの誕生―Ripple―

　今後の決済サービスの進化を考えた場合、仮想通貨の存在を抜きに語ることはできない。ビットコインに関するリサーチやニュース提供を行うCoindeskによれば、グローバルに流通するビットコインの市場価値を米ドルに置き換えた場合、65億ドル（約7,800億円、2015年12月時点）にのぼるという。また、ビットコインの利用にあたっては、ビットコインウォレットと呼ばれるビットコインを保管するためのアカウントが必要となるが、そのアカウント数は2015年12月時点で、1,200万を超える。ビットコインを決済手段として利用する事業者も増加しており、2016年中に15万を超えるとされている[13]。このように、ビットコインを活用して送金や決済に利用する個人な

---

**12**　TransferWise Webサイト（2016年1月31日参照）https://transferwise.com/
**13**　Coindesk「State of Bitcoin and Blockchain 2016」（2016年2月1日）http://www.slideshare.net/CoinDesk/state-of-bitcoin-and-blockchain-2016-57577869

らびに事業者は増加しつつあるといわれており、現在では、こうしたビットコインウォレットやビットコインと通貨との交換を手がけるスタートアップが多数存在する。なかでも2011年にサンフランシスコで創業したCoinbaseは、わずか4年あまりで世界でも最大級のビットコインウォレット事業者兼交換事業者へと急成長を遂げた。同社は実に490万のビットコインウォレットを管理し、42,000の事業者が同社のビットコイン決済サービスを利用する。また、こうしたビットコインの管理を手がけるだけでなく、ビットコインが一般に普及することを目的にさまざまなサービスを展開する。2015年11月にはShift Financialというビットコインをデビットカード形式で提供するスタートアップと提携し、米国内の32州でビットコインをデビットカードにチャージし、Visa加盟店で利用できるサービスを開始することを発表した。同サービスは、すでに開始から2カ月あまりで1万人のユーザーを集め、100万ドル相当のビットコインが活用されたという[14]。ビットコインによる送金／決済サービスでは、一般的な手段と比較して送金／決済にかかる時間が短く、その手数料が安価であることが魅力となっている。また、ビットコインは、その支払履歴を改ざんできない仕組みを内包しており、こうしたことから自然発生的に発達した送金／決済手段であるにもかかわらず、多くの利用者を引きつけている。ビットコインを活用した送金／決済サービスは今後、小規模なECサイトを運営する事業者や海外送金において活用が拡大することが予想される。

　ビットコインの決済分野における注目の高まりは、同様の仕組みで仮想通貨を独自に開発し、送金等の分野で活用しようとの動きを活発化させた。こうしたビットコイン以外の仮想通貨のことをAltcoin（代替的を意味するAlternateとCoinの造語）と呼ぶ。しかし、Altcoinの大半は、一般での知名度も低く、わずかな取引実績でその開発自体が終了してしまうことが多い。前

---

**14**　Coinbase Blog「Shift Card: A Glimpse Under the Hood」（2016年1月28日）https://blog.coinbase.com/2016/01/28/shift-card-a-glimpse-under-the-hood/

述のCoindeskによれば、これまでにサービスを終了したAltcoinは400以上存在するという[15]。ビットコイン自体、マネーロンダリングといった犯罪への利用や取引価格が乱高下する投機性の高さなど、送金や決済に利用するにあたっては問題点が存在する。こうした問題点を解決し、主に海外送金の分野で利用を伸ばしているのがRippleである。Rippleは、XRPと呼ばれる独自に開発した仮想通貨をRippleのネットワーク内に流通させることでリアルタイムでの決済を実現させた国際的な送金ネットワークである。Rippleは、ビットコイン同様にブロックチェーンという基盤技術を用いた決済サービスであるが、ビットコインと異なり、第三者の認証機関によりすべての取引が監視され、これら認証局の半数以上に承認されると決済が承認される仕組みを採用している。ビットコインの場合、この認証作業をビットコインの「採掘」という方法で実現しており、採掘にあたっては、厖大なコンピュータの処理能力を必要とすることが問題となっていた。Rippleでは、こうした問題点を解消するようにシステム設計がなされているのである（図表2－11）。

また、Rippleがビットコインと大きく異なる点は、当初から国際的なリアルタイム決済ネットワークを構築することを目的としてサービスが展開されている点にある。ビットコインの場合、サトシ・ナカモトという一人の技術者が発表した論文に端を発し、その後、インターネット空間上で多くの技術者が自発的に開発に関与したことで、巨大なネットワークが構築されたことは広く知られている。こうした経緯から、ビットコインはある種、その無秩序な特徴をもって、これまで多くの人々の支持を得てきた反面、マネーロンダリングへの利用や現実の通貨との交換が投機目的に利用されるといった欠点を内包している。一方、Rippleは、基本的に創業者が既存の決済システムにかわる新たな小口決済システムをつくりあげることを目的に、「採掘」ではなく「相互認証」の仕組みの採用により金融機関や決済サービス事業者と

---

15 Coindesk「State of Bitcoin and Blockchain 2016」（2016年2月1日）http://www.slideshare.net/CoinDesk/state-of-bitcoin-and-blockchain-2016-57577869

■図表2-11　Rippleの仕組み

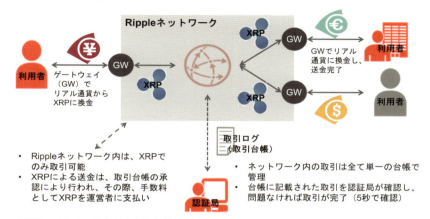

（出所）　Ripple Webサイトより筆者作成

提携してそのネットワークの拡充を目指しているのが特徴的である。執筆時現在、提携金融機関は、ドイツにおいて2009年に創業されたFidor Bankや米国において多くのスタートアップをサポートするCBW Bankなど、小規模かつスタートアップに対して友好的な一部の金融機関に留まっているが、今後、このネットワーク自体が拡大し、利用者が増加していくなかで、金融機関の参加が増える可能性もある。また、Rippleは、現実の通貨間の送金のみならず、たとえば、航空会社のマイレージプログラムと現実の通貨との交換など、「価値」を発生するさまざまな媒体との交換・流通を目指している。Rippleをはじめとするブロックチェーンを活用した決済システムが発展することにより、近い将来、さまざまな「価値」の総体を交換し、リアルタイムで流通できるネットワークが構築されるかもしれない。

## ❹ 融資／資金調達サービス

　融資／資金調達サービスの領域は現在、最も注目を集めている分野であろう。融資／資金調達サービスを提供するFintech企業は、送金／決済サービスと比べてその数は少ないものの、既存金融機関のビジネスへの影響力は計りしれない。金融機関のコアビジネスである融資そのものに切り込み、代替的なサービスを提供するこれらのサービスは、金融機関の収益構造そのものを変化させる可能性を秘めている。現に、米国の大手投資銀行Goldman Sachsが2015年3月に公表したFintechに関するレポートでは、今後5〜10年後にかけて、米国における融資総額12兆ドル（約1,440兆円）のうち、3分の1に当たる4兆ドル（約480兆円）が金融機関以外の代替的な融資サービス事業者、すなわちFintechスタートアップなどの企業に置き換わるとしている[16]。このような注目を背景に2014年末には、LendingClub、OnDeckといった融資／資金調達領域の有望スタートアップが相次いでIPOを果たした。特にLendingClubの場合、一時、その時価総額は80億ドル（約9,600億円）を超えるなど、市場から大きな注目を集めた。

　従来、金融機関の融資業務は、融資先企業の信用力を判定するために、金融機関内に蓄積された企業データ、取引データや審査担当者のノウハウといった組織能力が必要となることから、参入が困難であった。しかしながら、近年のテクノロジーの急激な進化とネットワーク社会の発展により、その参入障壁が低下している。Fintechスタートアップが提供する融資／資金調達サービスにおいては、伝統的な金融機関が与信判断に利用する財務諸表や取引データ、外部信用情報などといった情報のみならず、通常の金融機関の審査では利用されないソーシャルメディアでの評判やECサイトでの売上といったデータを活用し、借り手の信用力を査定する。また、インターネッ

---

**16**　Goldman Sachs「The Future of Finance: Part1」（2015年3月）

ト上でのコミュニケーションが一般化した昨今、金融機関からではなくインターネットにつながっている不特定多数の人々からの資金調達も可能となっている。テクノロジーの進化とその活用が融資／資金調達サービスの高度化につながり、今日のサービス発展へとつながっているのである。以下では、こうした融資／資金調達サービスの代表的なプレイヤーの動向から同サービスの今後の展開を確認していきたい。

## (1) Fintechサービスへの関心を強めたLendingClub上場

前述のようにFintechによる融資サービスが注目を集めた背景として、2014年末のLendingClub、OnDeckというFintechスタートアップが相次いで新規上場（IPO）したことがあげられる。LendingClubは、マーケットプレイスレンディングと呼ばれる資金の貸し手と借り手を市場から募り、そのマッチングを図るマーケットプレイス（市場）を提供するサービスである。一方のOnDeckは、借り手の信用情報を独自の方法で査定することで融資を行うサービスである。前述のようにLendingClubは、2014年12月に米NASDAQに上場し、その時価総額は一時80億ドルを超え、おおいに注目を集めている。現在、その株価は収束しつつあるが、なぜこれほどまでにLendingClubのサービスに世間の注目が集まるのであろうか。

LendingClubはマーケットプレイスレンディングと呼ばれる資金の借り手と貸し手をつなぐ市場を提供するサービスである。まず、借り手はWeb上で自身の希望借入額と返済期間を入力後、自身のクレジットスコアなどの信用情報を入力する。LendingClubでは、入力された条件から借り手の信用力を独自に審査し、AからGの7段階の格付を設定する。一方、貸し手は、専用の投資口座をLendingClubに開設し、希望の投資額を口座に入金する。入金された金額から実際に借り手の債権に投資を行う場合は、25ドル単位の「Notes」に分割され、貸し手は、LendingClub内の複数の案件から格付などを評価し、投資を行う。これにより、LendingClubでは、借り手には一般的な金融機関よりも有利な条件で資金提供を行い、貸し手には、従来の資産運

第2章　拡大するFintechサービスの特徴　■　43

用にかわる新たな資産運用方法を提供しているのである（図表2－12）。

　LendingClubは、その貸出残高が累計で約134億ドル（約1兆6,000億円）（2015年11月時点）を超えるなど順調にその業績を伸ばしている[17]。こうした背景には、昨今の米国の市場環境が大きく影響している。LendingClubが本格的にサービスを開始したのは2007年である。翌2008年、サブプライムローンに端を発する世界金融危機が発生し、米国の市場環境は大きく暗転する。多くの金融機関が経営危機に陥り、特に住宅ローンをはじめとする個人向け貸出は、急速に締め付けられることとなる。多くの人々は、これまでより悪い条件での借入れを余儀なくされるか、もしくは借入れそのものを断られる結果となった。また同時に、投資家からみても株価は下落し、有望な投資先を見つけ出しづらい状況にあった。こうした環境下、LendingClubは、独自の市場（マーケットプレイス）を構築することにより、それまで金融機関が見つけ出すことのできなかった優良な投資先を見つけ出し、それを投資可能にすることで、借り手からも、投資家からも支持を集めるサービスとなった。その後は、米国の経済環境の好転により、有望な市場として機能してい

■図表2－12　LendingClubの紹介イメージ

（出所）　LendingClub Webサイトより

---

17　LendingClub Webサイト（2016年2月1日参照）https://www.lendingclub.com/info/statistics.action

る(図表2-13)。LendingClubの場合、借り手の約7割は伝統的な金融機関からの借換え顧客であり、米国の景気回復局面に伴い金融機関の顧客を取り込んで成長している[18]。このことから、今後、米国の景気が後退し、市場環境がまた悪化することがあれば、その業績が大きく変化するおそれも否定できない。

金融機関から顧客を取り込むことで成長を続けるLendingClubに対して、現在では金融機関からアクセスを試みる事例が増えている。2014年5月、LendingClubは、三菱東京UFJ銀行のグループ行でカリフォルニア州に拠点を持つUnion Bankとの提携を発表した[19]。この提携は、LendingClubで提供されている債権を買い取る契約を結ぶものであり、実質的にLendingClubに

■図表2-13 LendingClubでの借入れ目的

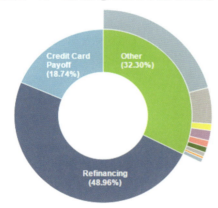

- LendingClubによれば、67.7%の利用者が既存ローンの借換え目的で利用している

(出所) LendingClub Webサイトより

---

[18] Coinbase Blog「Shift Card: A Glimpse Under the Hood」(2016年1月28日) https://blog.coinbase.com/2016/01/28/shift-card-a-glimpse-under-the-hood/
[19] LendingClub Press Release (2014年5月5日) http://ir.lendingclub.com/Cache/1500064915.PDF?Y=&O=PDF&D=&FID=1500064915&T=&IID=4213397

対して投資を行うものである。また、2015年4月にはCitibankも同様に提携を行っており、今後も金融機関との提携は増加する可能性が高い[20]。LendingClubの業績拡大は、Fintech企業と金融機関の関係性をも変えようとしているのである。

## (2) データ分析の高度化による新たな融資サービスの誕生 ―OnDeck, Kabbage―

近年、注目が集まっている融資関連のFintechサービスには、前述のLendingClubのように借り手と貸し手をつなぐものと、自社（あるいは提携金融機関）から資金提供を行うものがある。このうち、特に後者についてポイントとなるのが、伝統的な金融機関とは異なるデータや独自の審査手法を用いて借り手を審査することにより、これまで見極めがむずかしかった顧客層のデフォルトについて、見極めの精度を向上させ、適切な、多くの場合伝統的な金融機関よりも低い金利で、タイムリーな融資を可能としている点にある。このように借り手を独自に審査することで資金提供を行うサービスは、Fintech企業を中心に拡大している。背景には、データ分析技術の高度化やこれまで金融機関がアクセスできなかったようなデータを活用できるといった環境の整備が大きく影響している。

LendingClubと同時期にIPOを果たしたOnDeckは、個人事業主などを主な対象とし、独自の審査モデルを活用して最適な融資を提供することをねらいとする。融資の申込みはいたってシンプルであり、利用者は、OnDeckのサイト上で自社の創業年数や業種、住所、クレジットスコア、銀行口座などの基本情報を入力する。OnDeckでは入力された情報をもとに利用者の銀行での取引振り、業種特性、実際に事業を行っている場所を推定するほか、インターネットの口コミサイト上の評判などを参照することで、申込者のビジ

---

20　LendingClub Press Release（2015年4月14日）http://ir.lendingclub.com/file.aspx?IID=4213397&FID=28930792

ネスを多方面にわたる指標から評価する。そして、早い場合はわずか10分あまりで査定が終了し、融資額と金利、返済期間などが提示される。このように申込者は簡単に融資を申し込むことができるうえ、当該融資のデフォルト率も10％以下の水準に抑えることができている。OnDeck社は上記のデータから独自に審査を行うことができる審査エンジンを自社で構築しており、このようなスピーディな融資の提供につなげている。

　もう一つの有力企業であるKabbageでは、クラウド会計ソフトQuickBooksの財務データ、PayPalからの決済情報に加えて、TwitterやFacebookといったソーシャルメディアからの情報など24のデータソースを活用して信用力を測定する（図表2－14）。Kabbageは、スモールビジネス向けの融資提供サービスとして2011年に創業し、現在までに10億ドル（約1,200億円）のローン提供実績がある。前述のように多数のデータソースから多面的に利用者の信用力を測定するとともに、申込みから約7分で融資判断の結果が出る迅速さが支持を集めている。Kabbageによると、たとえばソー

■図表2－14　ネット上のさまざまな情報を連携し信用力を測定するKabbage

（出所）　Kabbage Webサイトより

シャルメディアのフィードバックで評価が良い企業は、そうでない企業に対して20％も延滞率が低いとのことであり、こういった独自の判断基準を蓄積しつつあることも強みである。Kabbage自体は、法規制上の問題から自身でローン提供を行っているのではなく、ユタ州にあるCeltic Bankがそのバックエンドをサポートする。実際にはCeltic Bankが融資を実行し、その債権をKabbageが買い取ることによってオンバランスにするスキームにより資金提供を行っている。

これらデータ活用による独自審査モデルを活用した融資サービスは順調にその事業を拡大させている。OnDeckは、2007年に創業後、2014年までに約7,700万ドルの資金調達を受け、実際に事業者に融資した金額は総額で10億ドルを超える。同社は、2014年5月にスペイン大手金融機関BBVAグループの北米拠点であるBBVA Compass銀行と提携することを発表した。BBVA Compass銀行では、主に事業者向け融資において同社の審査モデルを活用することを発表している。Kabbageもまた、2015年10月に行われた資金調達においてその評価額が10億ドルを超えるなど有望スタートアップとして金融機関からの注目を集めている。今後とも同分野に参入するFintechスタートアップは増加していくものとみられており、近い将来、Goldman Sachsのレポートのように金融機関の融資がFintechサービスに置き換わっていく可能性が高い。

## ⑶ ミレニアル世代と親和性の高いネット上の融資サービス —Affirm—

これまでみてきたようにFintechにおける融資／資金調達サービスでは、テクノロジーの進化に伴い、マーケットプレイスを構築したり、独自のスコアリングモデルを発展させたりすることで、これまで融資を受けることができなかった人々や不利な条件で融資を受けざるをえなかった人々に資金を提供することで拡大している。こうしたサービスは、Fintechサービスにおけるメインターゲットであるミレニアル世代向けにも提供されている。

PayPalの元CTOであり共同創業者の一人であるマックス・レブチンが2012年に創業したAffirmはミレニアル世代をターゲットにネット上で「月賦払い」を提供するサービスを運営する。米国のミレニアル世代は、金融危機や高騰する学費等の諸問題により、それまでの世代と比較して財政的に困難な状況にある者が多い。米国の金融サービスレビューサイトBankrate.comの調査によれば、ミレニアル世代の63%はクレジットカードを持たずに生活しているという[21]。米国の金融機関では、クレジットカードの申込みにおいてクレジットスコアが必要となるため、上記のような経済的な苦境にある若者の場合、そのクレジットスコアの低さからクレジットカードの申込みが行えない場合も多いのである。

　Affirmはこうした若者に対して、ネットサービス上で利用できる月賦払いサービスを提供する。Affirmのサービスが利用できるECサイトでは支払手段としてクレジットカードと並び「Affirmで支払う」を選択できる。Affirmでの支払いを選択した場合、実際に購入する商品やソーシャルメディア情報などから、設定金利を含めた与信判断が行われ、その場で月々の支払金額が表示される。これにより、クレジットカードを持たない若者であってもネットショッピングを行うことが可能である。また、Affirmでは、モバイルPOSサービスを提供するCloverとも提携し、リアル店舗の店頭においてタブレット端末を用いて同様の月賦払いを選択することが可能となっている。このほかにも提携するECサイトで利用できるバーチャルプリペイドカードを発行するなど、その資金提供手段は多岐にわたる（図表2-15）。

　Affirmを導入した店舗によれば、同サービスの導入により顧客一人当たりの売上ならびにリピータ率が向上し、結果としてECサイトの売上増加につながったとしている。月賦払い自体は、古くからある金融商品であり、クレジットカードの誕生と一般化により利用率が減少したサービスである。しか

---

**21**　Bankrate.com Webサイト「More millennials say 'no' to credit cards」（2014年9月8日）
　　http://www.bankrate.com/finance/credit-cards/more-millennials-say-no-to-credit-cards-1.aspx

■図表2−15　多様な資金調達手段を提供するAffirm

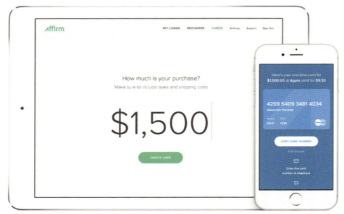

（出所）　Affirm Webサイトより

しながら、Affirmでは、データ分析による独自スコアリングモデルの構築やECサイトとのシームレスな連携といったUXへの配慮により、こうした月賦払いのビジネスモデルを若者向けに洗練させて復活させたのである。

　Fintechサービスの場合、どうしても活用しているテクノロジーに注目が集まるが、そのビジネスモデルについては旧来と同様であることも多い。これらFintechサービスでは、テクノロジーの進化により旧来の金融商品を蘇らせ、活用しているのであり、金融機関にとっても示唆に富むものであろう。

## ❺ 預金／資産運用サービス

　預金／資産運用サービスの分野について、実際に預金そのものを自社で取り扱うFintechスタートアップは多くない。周知のように、預金の取扱いについては各国で厳格な規制が設けられており、新規参入が困難な場合が多い。人々の預金という「財産」を預かるため、こうした規制は、今後とも一定程度厳格に維持されるものと思われる。こうした厳格な規制の存在が参入障壁となり、多くの国で伝統的な金融機関が預金業務を担っているが、そのサービスは手数料や使い勝手の面で若い世代の利用者からは受けの良いものではない。このような背景から、預金／資産運用におけるFintechサービスでは、預金そのものではなく、個々人の財産の取扱いにおけるUXや利便性向上という方向性でサービスが進化してきた。この領域では、アカウントアグリゲーションと呼ばれる預金残高や入出金履歴といった個人口座から得られる情報を集約して管理するサービスが古くから存在している。ここから、こうした口座情報の集約に加えて、これら情報を個人単位でわかりやすく管理することをねらいにPFM（Personal Financial Management）と呼ばれる個人向けの総合的な財務情報管理サービスへと発展した。わが国でも「家計簿アプリ」などがスマートフォンアプリとして人気があるが、このようなアプリもPFMサービスの一種である。前述のようにアカウントアグリゲーションサービスは、Fintechにおいても古くからサービス提供がなされ、利用者から支持されてきた分野であり、同分野最大手のYodleeなどは1999年に創業している。このほか、アカウントアグリゲーションサービス大手であり、全米で2,800万人以上の利用者が存在するMint.comなども2006年よりサービス提供が行われている。

### (1)　APIによるサービス拡大を図る―Yodlee―

　アカウントアグリゲーションサービス最大手のYodleeは、1999年にサー

第2章　拡大するFintechサービスの特徴　■　51

ビスを開始し、全世界14,000以上の金融機関のデータを取り扱う世界最大級のPFMサービス企業である。Yodleeが管理する口座数は、1億2,000万を超えており、現在では、米国の大手金融機関のほか、多くのFintechスタートアップが同社の提供するアカウントアグリゲーションサービスを活用して、PFMサービスなどのサービスを個人顧客に対して提供している。Yodleeの調査によれば、米国の一般的な人々は平均して七つの金融機関と取引があり、14の口座を有しているとされる。預金通帳も一般的でないなか、これら複数の金融機関の口座を管理することは煩雑であり、また個人で確定申告を行う必要があることもあって、口座を一体的に管理することができるアカウントアグリゲーションサービスは、一般的なサービスとして普及している。

　同社はこうした個人の財務情報管理のためにデータセンターを所有しており、一部金融機関とはAPI接続でデータにアクセスする。APIとは、アプリケーションプログラミングインタフェースの略称であり、外部の他システムからプログラムやデータにアクセスするための規約である。ウェブスクレイピングと呼ばれる技術により、IDとパスワードを用いて金融機関のインターネットバンキングに都度アクセスしてデータを入手する必要がなく、より安全にデータへのアクセスが可能となる。同社によると、提携する約14,000社のうち、約500の金融機関とは直接データ連携を行っており、取引件数のうち約75％を直接データ連携により入手しているとしている（図表2－16）。

　Yodleeはエンドユーザーに直接PFMサービスを提供するのではなく、金融機関や他ベンダー、スタートアップを通じて間接的にサービス提供を行っている。複数の金融機関におけるばらばらのデータフォーマットを加工、正規化するデータアグリゲーションの機能が同社の強みであり、標準化されたデータがAPIを通じて提供され、他のFintechスタートアップがアプリを作成したり、金融機関自身がサービス開発を行ったりすることが可能となっている。また、多様な個人顧客の口座データを保管するYodleeは、これまで蓄積した口座データとその処理を通じて、自社内でデータ分析に関する知見

■ 図表2−16　Yodleeによるアカウントアグリゲーションプラットフォーム

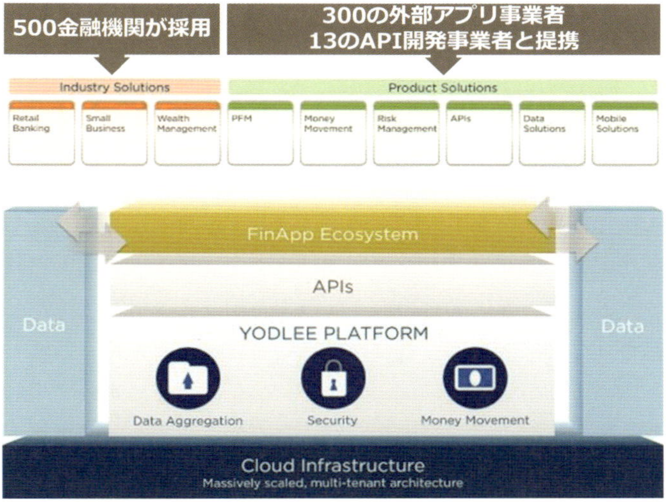

500金融機関が採用　　300の外部アプリ事業者
13のAPI開発事業者と提携

Industry Solutions　　　　　　　Product Solutions

Retail Banking｜Small Business｜Wealth Management｜PFM｜Money Movement｜Risk Management｜APIs｜Data Solutions｜Mobile Solutions

FinApp Ecosystem

APIs

YODLEE PLATFORM

Data　　　　　　　　　　　　　　　　　　　　Data

Data Aggregation　　Security　　Money Movement

Cloud Infrastructure
Massively scaled, multi-tenant architecture

（出所）　Yodlee Webサイトより

を蓄積しており、これら知見を活用して新たなサービス提供の方法を模索する。具体的には、口座データの分析から個々人の将来のお金の使い方を予測し、より良い金融行動へ誘導するサービスといったものを試作している。Yodleeは2015年9月、ウェルスマネジメント向けソリューションを提供するEnvestnetに買収されたが、今後は、これら有力なデータ基盤を活用して、富裕層向けサービスの拡充などが期待される。

⑵　預金データからマーケティングデータへの転換—MX—

続いて紹介するMXは、かつてはMoneyDesktopという名でPFMサービスを提供するスタートアップとして順調に成長を遂げていた。2013年より現在の社名であるMXに変更し、会社名だけでなくそのサービスラインナップについても大きく刷新している。MoneyDesktop自体は、独自にデザインされたPFMサービスを金融機関に提供することをその主要サービスとしてお

り、約500の金融機関が同社のサービスを利用している。特に、Bubble Budgetと呼ばれる直感的に個人の予算状況がわかるデザインは好評であり、金融機関ではそのデザインをそのまま採用するケースも多く見受けられる（図表2-17）。同社では、こうした洗練されたデザインによるPFMサービスの提供というコンセプトをさらに発展させ、社名変更を機に金融機関向けのデジタルマーケティングプラットフォームを通じたサービス提供にまで拡げている。金融機関から収集した個人の口座データを集約、分析し、契約する個々の金融機関に対してマーケティングデータを提供するものであり、このデータは、たとえば、個人顧客の取引履歴から商品企画として活用したり、顧客ごとに最適な商品の提案を行ったりといった活用が期待される。

このようにアカウントアグリゲーションから発展したPFMサービスは、単に顧客とのリレーション強化を目的とした便利な情報管理サービスといった枠を超えて金融機関にとってのマーケティングツールとしての役割を担う

■図表2-17　直感的に利用者の財政状況がわかるMX社のPFMサービス

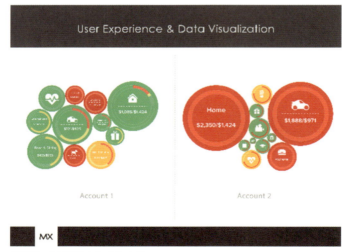

（出所）　MX Webサイトより

までに発展している。こうしたサービス発展の背景には、データ処理や分析技術の高度化、データを利用しやすくするデータ連携の仕組みの有無などが大きく影響している。たとえば、米国の大手百貨店Macy'sと地元の雑貨店Macyといった混同しやすい決済がデータであっても、MXでは自社で培った独自のクレンジング技術により分類することができる。このような精度の高い分類技術が同社サービスの顧客満足度の高さに貢献している。前述のYodleeならびにMXは、自社サービスのAPIを公開しており、これにより金融機関はMXが提供するデータやサービスに対して容易にアクセスすることができる。既存システムに大きな改修を伴わずにこれらサービスを組み込むことが可能となることで、金融機関は短期間で自社サービスの高度化を図ることができ、MX側は多くの金融機関のデータに直接アクセスし、短期間で大量データを自社で管理・分析することが可能となった。こうしたAPIの公開によるアクセス性の向上こそがこれらサービスの進化を加速しているといえよう。

## ⑶　プリペイドカードの提供による"擬似"預金口座の提供

　預金分野において注目を集めるもう一つのサービスは、プリペイドカードを活用することで、銀行の預金口座と同等の機能を利用者に提供するサービスである。わが国でもKDDIのau Walletをはじめ、各社の金融サービスの中核商品としてプリペイドカードを活用する事例が出はじめたが、米国でこのようなサービスが普及するのにはわが国とは異なる背景がある。低所得層や米国に移住したばかりの新興国からの移民といった人々は、銀行口座を開設することができず、金融サービスを利用するうえでさまざまな困難に直面する。米国では、小切手の振出しのため、個人であっても当座預金の開設を行うが、過振りが発生することから、開設には審査が必要となる。審査にはチェックシステム（ChexSystems）と呼ばれる口座取引実績をもとにした信用情報が利用され、米国に移動してきたばかりの移民や低所得層にとっては、その銀行口座開設の障壁が高くなっている。米国では、こうした金融

サービスを利用できない、もしくは金融サービスの利用が限定される人々を
それぞれUnbanked／Underserved層と呼び、連邦預金保険公社（FDIC）に
よる2013年の調査では、米国の人口の3分の1に当たる9,000万人にものぼ
るといわれている[22]。

　銀行口座を所有することができないということは、彼／彼女らの生活水準
の向上にとっても大きな障害となる。なぜなら口座を保有できないことで基
本的に貯蓄といった基本的な金融行動をとることができず、その日払いの低
賃金な職を転々としなければならない、銀行から融資を受けることができな
いために割高なPayday Loanと呼ばれる日払いのローンを利用せざるをえな
いといった状況が続く。PayPalの現CEOであり、前職のAmerican Express
においてこうしたUnbanked／Underserved向けサービスの開発に取り組ん
でいたダン・シュルマンは、こうした状況を"It's expensive to be poor"（「貧
困であることは高くつく」）と表現する。つまり、米国においては、貧困状態
にあると、金融サービスの利用において割高な手数料が徴収されてしまい、
結果として「高くつく」状態に置かれてしまうのである。

　こうした状況に変化をもたらすのがプリペイドカードによる金融サービス
の提供である。たとえば、GreenDotが提供するプリペイドカードサービス
では、基本的にスーパーやコンビニエンスストアで売られているカードを購
入し、一定金額を入金することで利用可能となる。また、これらカードは
VisaやMasterCardの加盟店で利用でき、月々の利用手数料を支払うこと
で、継続的な利用が可能となる。また、オプションサービスとして給与振込
の指定が可能であり、カード保有者同士で送金を行うこともできる。このよ
うな基本的な銀行機能が提供されることにより、これまで銀行を利用できな
かった多くの人々を引きつけている。

　American Expressは、旅行・出張やエンターテイメントに強みを持つ、

---

[22]　FDIC「2013 FDIC National Survey of Unbanked and Underbanked Households」
　　（2014年10月）https://www.economicinclusion.gov/surveys/2013household/documents/
　　2013_FDIC_Unbanked_Underbanked_HH_Survey_ExecSumm.pdf

どちらかというとハイエンドな顧客層を中心とした企業であるが、近年では従来とは異なる新たな顧客層、特に若年層という将来の有望マーケットの顧客開拓を図ることを目的に、若年層に多く存在するUnbanked／Underserved向けの商品開発を戦略的に実施している。同社は、Wal-Martと共同でBluebirdと呼ばれるサービスを2012年より展開し、若年層を中心とした多くの利用者を獲得するに至っている。同サービスの利用者はWal-Martの店頭で5ドルのカードを購入し、店頭で利用開始のアクティベートや資金のチャージを行うことができ、他のプリペイドサービスと同様に給与振込を指定することもできる。また、銀行のモバイルバンキングに匹敵するモバイルサービスも有している。Bluebirdへチャージされた資金は、Wells FargoとAmerican Express Centurion Bankにあるカストディ口座へ移され、連邦預金保険公社（FDIC）により通常の預金と同様に保護されるため、銀行が提供する預金とほとんど遜色ないサービスとして利用できる。Bluebirdはサービス開始から3カ月あまりで57万人の新規顧客を獲得し[23]、うち利用者の85％はAmerican Expressの商品を初めて利用するこれまで同社がリーチで

■図表2－18　Walmartが提供するプリペイドカードサービスBluebird

（出所）　Walmart Webサイトより

きていない顧客であった。また、新規顧客のうちの45％が35歳以下と、同社が想定する若年の新規顧客にうまく訴求する商品となっている（図表2－18）[24]。

## ⑷　若年層を中心に利用が拡大する新たな資産運用サービス

資産運用サービスもまた、近年、スタートアップによるさまざまなサービスが登場し、注目を集めている分野である。本来、資産運用サービスは、一定の資産を有する富裕層や高齢層を中心に拡大してきたが、Fintechの潮流に乗って現れた新サービスでは、技術的なブレイクスルーや斬新なアイデアをもとにこれまでの制約をうまく乗り越え、若年層や資産の少ない層でも利用できる点が特徴である。

サブプライムローン問題に端を発した世界的な金融危機の影響により、若年層は資産運用に対して消極的であるといわれており、これまでリスク性商品への投資に比較的積極的であったといわれる米国でも同様の傾向が認められる。リスク性商品への投資に消極的となる背景には、このような価値観の変容に加え、そもそも一定の資産がない限り投資が行えないこと、始めるにあたっては一定の専門知識が必要なことなど、さまざまな障壁があることも影響している。資産運用分野のFintechサービスでは、こうした障壁をいかになくすかという点に注力しているものが多い。たとえば、Stockpileでは、株式をギフトカードとして送り合うサービスを提供しており、株式になじみのない若年層であっても利用しやすいような工夫が施されている。同社のサービスでは、Webサイト上で気になる銘柄を選択すると、それがギフトカードとなり、友人に送ることができる。米国では誕生日などの記念日に

---

23　The Washington Post「Wal-Mart and American Express prepaid card gets FDIC insurance」（2013年3月26日）https://www.washingtonpost.com/business/economy/wal-mart-and-amex-prepaid-card-gets-fdic-insurance/2013/03/26/521fa0aa-9560-11e2-ae32-9ef60436f5c1_story.html

24　American Express「Serving the Unbanked - An American Express CSR Quarterly Report」（2013年4月8日）http://about.americanexpress.com/csr/csrnow/csrn078.aspx

友人がギフトカードをプレゼントするのが一般的であり、こうした習慣を株式投資に応用したのである。ギフトカードを送られた友人は、送られた株式をそのまま購入することができるほか、その株式が気に入らない場合、StockpileのWebサイト上で他の株式に変えたり、Stockpileが提携する小売店のギフトカードそのものに変更したりすることができる。Stockpileの創業者は、ある年のクリスマスに息子や親戚の子供に自身の気に入っている株式をプレゼントとして送ることができればというアイデアから起業を思いついたという。こうしたアイデアをもとに、ギフトカードの形態を採用することで、株式投資を行うにあたっての参入障壁を低減させる意義あるサービスが生まれたのである（図表2－19）。

このほかにも友人間のつながりを利用して株式投資に興味を持ってもらうFintechサービスが存在する。Likefolioでは、自身のSNSアカウントを利用

■ 図表2－19　株式をギフトカード形式で提供するStockpile

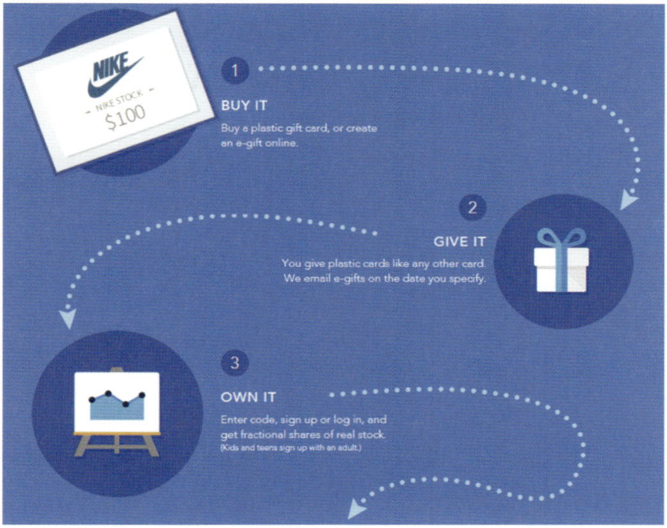

（出所）　Stockpile Webサイトより

第2章　拡大するFintechサービスの特徴　■　59

して、自分の友人がどのような企業に興味を持っているのか、そしてその企業の株価はどうなっているかを確認することができる。友人経由で企業、そして株式に興味を持ってもらい、最終的には株式購入へとつながることをねらう。Likefolioは、カナダの大手金融機関であるTD Bank Group傘下の証券会社であるTD Ameritradeと連携しており、Likefolio上で確認した銘柄についてスマートフォンからワンタッチで株式を購入することができる。こちらもSNSでの口コミといった若年層における横のつながりの強さをうまく活用して、株式に興味を持ってもらうことを目指したサービスとなっている。

## (5) 人工知能（AI）活用による資産運用サービスの進化

前節の例からも資産運用分野におけるFintechサービスにおいても、主に若年層に向けてそのサービスが拡大していることがおわかりいただけよう。このほかにも若年層や一定の資産を持たない層に対してサービス提供を目指すFintechサービスは多数存在する。たとえば、投資一任運用サービスでは、投資の専門家を介することとなるため、運用にあたって高額な手数料が発生し、なおかつ一定の資産を持った層にしか提供されない状態であった。こうした状況を大きく変化させたのが人工知能（AI）を活用したロボアドバイザーと呼ばれる新たな資産運用サービスである。資産運用を行うフィナンシャルプランナーを人から「ロボ（ロボット）」へと変更したことにより、その運用コストを大幅に低減させることに成功したのである。これまで資産運用の領域では専門性を有したフィナンシャルプランナーの知見に大きく依存していたが、こうした知見をコンピュータが代行することとなったのである。

ロボアドバイザーサービスは、人間にかわってAIが資産運用を行うものであり、利用者が自身のリスクに対する考え方や目標とする運用額といった項目を入力するとAIが利用者にかわって自動的に資産運用を行うものである。この時、運用する商品などに限定があるものの、「ロボット」であるAIの判断により自動的に商品売買を行う。また、サービスによっては、節税機

能を提供するものもある。たとえば、下落した株式を売却した後に同様のものを買い戻すことで損益を確定させ税務申告上で有利となるように調整するものであり、こうした個々の利用者の資産運用状況にあわせた運用を行うことも可能となっている。

　ロボアドバイザー分野で有名なサービスとしては、Wealthfrontがあげられる。同社は、その運用アドバイザーにインデックス投資の元祖であり、その著書『ウォール街のランダム・ウォーカー』でも有名なバートン・マルキールを招聘したことでも話題となっており、若年層を中心に利用者を拡大している。実に利用者の60％が35歳以下の若年層であり、平均的な運用額は10万ドル以下と資産運用分野では少額となるが[25]、運用資産額を20億ドルまで積み立てるなど2011年のサービス開始から順調に拡大している[26]。また、Wealthfront同様に比較的古くから同分野でサービス提供を続けてきたスタートアップにBettermentがあげられる。BettermentもWealthfront同様に若年層を中心にそのサービスを拡大し、その顧客数は10万人を超え、運用資産額も14億ドルとなっている。Bettermentでは、金融機関に対して自社のロボアドバイザーサービスを提供することも行っており、2014年には世界最大の投資信託会社であるFidelityとの提携を発表し、大きな話題となっている。

　ロボアドバイザーサービスは、これまで上場投資信託（ETF）分野が中心であったが、現在は、さまざまな派生型のサービスが誕生している。たとえば、Motif Investingでは、投資分野ごとにテーマを設定し、そのテーマに沿った株式ポートフォリオを生成すると、すべて9ドル程度の小額で投資を可能としたサービスを提供する。同社は、Goldman Sachsから投資を受ける

---

**25**　CNBC News「Robo-advisor Wealthfront bets on tech-savvy millennials」（2015年5月12日）http://www.cnbc.com/2015/05/12/robo-advisor-wealthfront-bets-on-tech-savvy-millennials.html

**26**　Wealthfront Blog「Two Billion Reasons to Believe」（2015年3月2日）https://blog.wealthfront.com/two-billion-reasons-to-believe/

第2章　拡大するFintechサービスの特徴　■　61

■図表2－20　ミレニアル世代向けロボアドバイザー型資産運用サービス
　　　　　　Hedgeable

（出所）　Hedgeable Webサイトより

など少額投資により若年層を引きつけるサービスという点でも注目を集めている。また、Hedgeableが提供するロボアドバイザーを基盤としたサービスでは、ミレニアル世代のための資産運用サービスと銘打ち、ロボアドバイザーサービスにアカウントアグリゲーション機能を組み合わせ、継続利用するとさまざまな特典に交換できるポイントが付与されるなど、ミレニアル世代が利用しやすいサービスとして発展させている（図表2－20）。

## ❻ ミレニアル世代のための新たな銀行 Neobank

　ここまで、送金／決済、融資／資金調達、預金／資産運用といった金融機関の三大業務に関連したFintechサービスの動向を紹介してきた。Fintechサービスの進化は早く、より広範囲にサービスを提供するFintechサービスが誕生しつつある。このFintechサービスは、Neobankと呼ばれ、ミレニアル世代を中心にその支持を集めている。Neobankという分野を開拓したFintech企業としてSimpleがあげられる。Simpleは、複雑な手数料体系を有する米国の既存金融機関に対抗するようなかたちで創業された。このため、Simpleでは、すべてのサービスが基本的に無料で利用できるかわりに預金に対して金利が発生しない。このようなサービスを生み出した背景には、共同創業者の一人、ジョシュア・ライヒの個人的な出来事が大きく影響している。彼はある日、自身が取引を行っている金融機関の手違いにより、当座預金の残高が不足することで課される当座貸越手数料を支払う羽目となる。この時、当座貸越手数料が引き落とされたため、口座にあった当月の住宅ローン返済金までもが不足してしまい、最終的に当月の住宅ローンまで支払うことができなくなってしまう。こうした経験に"ムカついた"彼は、手数料無料で利用できる新しい銀行サービスであるSimpleをつくりあげることを思いついたといわれている（Simpleが当初そのWebサイトに掲げていたメッセージは、"A Bank that doesn't sucks（ムカつかない銀行）"であった[27]）。

　このような経緯で誕生したSimpleは、2014年5月にスペインの大手金融機関であるBBVAが1億ドルで買収したことでもおおいに注目を集めた。Simpleの当時のユーザー数は10万人程度しかなく、BBVAとしては同社のサービスの先進性に注目して発展途上のサービスを買収したことになる。

---

**27**　FASTCOMPANY「BANKSIMPLE: A BANK THAT DOESN'T SUCK」（2011年6月22日）http://www.fastcompany.com/1757032/banksimple-bank-doesnt-suck

Simpleはミレニアル世代を中心にその支持を集めており、BBVAとしては、別ブランドとして展開するなかで、若年層の開拓とそこで得られるノウハウをBBVA本体にも反映させることを目指している。

　Neobankのもう一つの雄としてあげられるのがMovenである。Movenは、その著書『BANK 3.0』にて銀行店舗不要論を唱え、金融業界のオピニオンリーダーとして有名なブレット・キングが立ち上げたサービスである。MovenもSimple同様に基本的に手数料無料でサービスが利用できるかわりに預金には金利が発生しない。また、Movenでは、主に利用者の財務的な"健全さ"を向上させるようサービスが設計されているのが特徴となっている。財務的な"健全さ"とは、つまるところ利用者に対してより良い金融行動を促すものであり、Movenではそのためにさまざまな機能が付与されている。たとえば、口座に付帯するデビットカードを利用すると即座にスマートフォンに通知が行われ、どこでいくらの商品を買ったかを確認でき、それぞれのカテゴリごとに費目を分類し、あらかじめ設定した月々の予算との比較を行い、それが予算を超えるようであれば警告を行う。Movenでは提供されたサービスを利用することでより良い金融行動が行えることを目指しており、こうしたサービスを今後、米国のみならず世界中に展開することを目指している。2014年8月にはニュージーランド、同12月にはカナダで同社のサービスが利用可能となっており、今後はアジア諸国での展開も視野に入れるなど積極的なグローバル展開を見据える（図表2－21）[28]。

　上記で紹介したNeobankサービスは実際のところ、正式な金融機関ではない。なぜならSimpleもMovenも米国において銀行開設の要件となる米国連邦預金保険公社（FDIC）からの認可を受けていないためである。SimpleやMovenでは、預金として利用者から預けられた資金はパートナー契約を結ぶ金融機関に預けられることとなる。つまり、Simple、Movenはともにい

---

[28]　Finovate Spring 2015発表内容より（2016年2月1日参照）http://finovate.com/videos/finovatespring-2015-moven/

64

わば"銀行代理店"としてサービスを提供しており、パートナー銀行にかわって利便性の高いサービスを提供することでパートナー銀行が普段リーチできない若年層といった特定の顧客からの預金調達に寄与している。そしてパートナー銀行は調達した預金を運用に回すことで得られる運用益をNeobankと折半する。利用者から手数料を徴収しないNeobankは、こうしたパートナー銀行による運用益が主な収益源となっている。Neobankのパートナー銀行はSimpleの場合、BBVA傘下のBBVA Compassに加えて、地方に拠点を持つ中堅の地方銀行となっている。Movenも同様に、地方の小規模銀行がそのパートナー銀行である。BBVA Compassを別にすると、パートナー銀行になっている金融機関は、いずれも投資規模が限られることから、自行で若年層に訴求できるようなモバイルバンキングを開発するにはおのず

■図表2−21 デビットカードと連動した予算管理サービスを提供するMoven

（出所）　Moven AppStoreより

第2章　拡大するFintechサービスの特徴　■　65

と限界がある。MovenやSimpleは若年層に訴求するUXの洗練されたモバイルバンキングサービスを提供することにより、全国から若年層を中心に預金を調達することが可能となっている。すなわち、こうした小規模金融機関ではリーチしえない新たな利用者を獲得することにつなげることで、Fintechスタートアップと伝統的な金融機関が共存するモデルが構築されているのである。

## ❼ その他の周辺機能

　ここまで、決済・融資・預金と金融機関の三大業務そのものに影響を与えるFintechサービスを中心にその動向をみてきたが、Fintechによる利便性の高いサービスは、これら狭義の意味で三大業務に限って提供されているわけではない。むしろ三大業務以外のさまざまなサービスを組み合わせたり、付け加えたりすることで、従来の金融業務とは異なる幅広いサービスが提供されている点がFintechサービスの特徴となっている。たとえば、個人向けには、利用者のクレジットカード、デビットカードの取引履歴に応じてクーポンを提供するカードリンクドオファー（CLO）と呼ばれるサービスや従来の金融サービスにゲームの要素を加えることで貯蓄習慣を促すサービスなど、顧客にとって利便性の高いサービスとして定着することを目的にさまざまな工夫が凝らされている。また、法人向けには、個人向け以上に金融業務の周辺で付加価値を向上するサービスが発展しており、たとえば、中小企業・個人事業主向けの経費管理や給与支払管理などの事業を支援するサービスが登場している。

### (1) 金融機関での採用が広がるカードリンクドオファー（CLO）

　近年、金融機関の周辺サービスとして採用が広がっているのが、CLOである。CLOは、クレジットカード、デビットカードの取引履歴を分析し、個々のカード利用者に応じてカスタマイズされたクーポンを提供するサービスであり、米国では大手金融機関のBank of Americaをはじめとしてその採用が広がりつつある。CLOソリューションにも複数のFintechスタートアップが参入しているが、最大手のAffinity Solutionsは、ニューヨークを拠点に現在、約25,000の小売店、そして約4,000の金融機関と提携してそのサービスを提供している。同社は、流通業界において長年にわたりマーケティングを担当してきた社員により設立されたため、小売店側と強固なネットワーク

第2章　拡大するFintechサービスの特徴　■　67

を有する。同社のサービスでは、まず小売店側から集客にあたっての条件が提示される。たとえば、若い男性向けのアパレルショップであれば、ファッションに対して敏感であろうと考えられる20代の男性を多く集客したいといった場合である。Affinity Solutionsでは、金融機関側のクレジットカードの利用履歴を分析し、20代の男性においてファッションに関する支出が多い顧客を抽出し、ピンポイントでクーポンなどのオファーを提供する。この時、利用者側は自分の気に入ったクーポンが提示されている場合、それをインターネットバンキングやモバイルバンキング上でチェックインすることで自動的に利用可能となる。つまり、クーポンを紙で印刷したり、もしくはスマートフォンの画面上に表示させたりといった手間がいっさいかからない。利用者は、そのクーポンを提供している小売店へと赴き、クレジットカード、デビットカードで決済を行うと自動的に割引といった特典を受けられるのである。これにより、小売店がターゲットとする顧客に対してピンポイントにクーポンを提供でき、利用者は自身が最も利用したいと思うクーポンをめんどうな手間をかけずに活用できる（図表2－22）。

　CLOサービスは、利用者にとって利便性が高く、加盟店にとって売上向上が期待でき、金融機関にとってクレジットカード、デビットカードの取扱高が向上するという、一見、「三方良し」のサービスと目されるが、その効果には疑問が生じているのも事実である。これには、オファーされるクーポンが利用者の嗜好に合ったものではないといった分析精度の問題やインターネットバンキングやモバイルバンキング上でチェックインが必要という利用手順の煩わしさなどが影響していると考えられる。事実、米国の大手金融機関のU.S. BankではCLOサービスを比較的早い段階で導入したものの効果がなかったとして取りやめている。しかしながら、CLOサービスを提供するスタートアップも取引データの分析精度を向上させるのみならず、たとえば、GPSによる位置情報を活用して利用者が移動する導線上に位置する店舗のクーポンをタイムリーに提供するなどさまざまな工夫も凝らされており、今後さらにサービスが進化していくことが予想される。

■ 図表2−22　Affinity Solutionsが提供するCLOサービスの仕組み

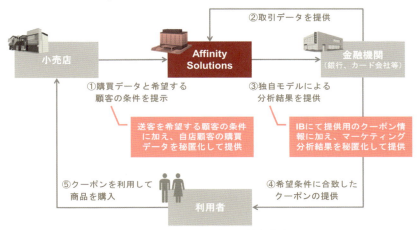

（出所）　Affinity Solutions Webサイト情報をもとに筆者作成

## (2)　ゲームの要素を取り入れた個人向けサービス

　個人向けサービスでは、ゲームの要素を取り入れることでサービスそのものに対する愛着を高め、利用者との関係性強化をねらったサービスも注目されている。こうした手法はゲーミフィケーションと呼ばれ、ゲームという要素を取り入れることで利用者は楽しみながらそのサービスを利用することができる。金融分野でのゲーミフィケーションのパイオニアともいうべき企業にSaveUpがあげられる。2011年にサンフランシスコで創業した同社の提供サービスでは、Webサイト上で金融行動ごとにポイントを指定することができる。具体的には、たとえば、貯蓄口座に5ドル入金するといった日常の金融行動一つひとつにポイントを付与することが可能である。同社は、利用者が自身の金融行動をゲーム感覚で実行するうちに、その行動習慣がより良いものへと変化していくことを目指している。SaveUpでは、獲得したポイントをめぐって仲間内で競争することができるほか、一定のポイントが貯ま

るとさまざまな特典に交換することができる。ゲームを通じた金融行動の改善というアイデアは金融機関にも高く評価されており、同社は、スペインの大手金融機関BBVAのベンチャーキャピタル部門であるBBVA Venturesから出資を受けている。また、同行との関係強化に伴いSaveUpのサービスコンセプトは、BBVAがモバイルサービスとして提供しているBBVA Gameというゲーム要素を取り入れたオンラインコンテンツにも反映されている。

## (3) 法人向け周辺サービスの発展

　Fintechは、個人向けサービス中心というイメージが強いが、法人向けサービスの分野においても、経費管理や従業員の給与管理など法人企業の周辺業務分野でそのサービスが発展してきている。特に、経費管理の分野は、比較的古くからさまざまな事業者がサービス提供を行ってきたこともあり、その知名度も高い。米国では、Intuit社が提供する経費管理ソフトQuickenなどのサービスがその典型例であり、多くの中小企業ユーザーから根強い支持を受けている。昨今では、単なる経費管理に留まらず、請求書の管理や決済サービスとの連携を意識したサービスも登場している。米国のサンフランシスコを拠点とするBentoが提供する経費管理サービスでは、MasterCardと提携し、従業員向けのプリペイドカードを提供している。同社の創業者はクレジットカード業界出身であり、決済サービスに精通している強みを活かし、決済サービスとスモールビジネス向けサービスの融合を図っている。同カードで従業員が経費決済を行うことで、その決済金額や費目などをクラウドベースの経費管理サービスで自動的に管理し、経費管理業務の効率化を図ることができる。これにより、現金での決済時と比べ、その経費管理が詳細化・効率化できるほか、従業員による不正な経費処理といった問題を未然に防ぐことができる（図表2−23）。

　給与管理については、その業務を効率化することに加えて、従業員の福利厚生の充実までを視野に入れたサービスが登場している。2013年に米国のアトランタで創業したDoubleNet Payでは金融機関と提携し、従業員一人ひと

■図表２−23　Bentoが提供するプリペイドカードソリューション

（出所）　Bento Webサイトより

りに向けて給与受取口座を設定し、給与振込を自動化することができるほか、公共料金や家賃といった定型的な振込みを設定することで、振込代行を行ってくれる。加えて、従業員が貯蓄目標を設定すると自動的に給与の一部を積み立てるなど、従業員の資産形成をサポートする機能も付与されている。どれも機能だけを取り出せば、日本の金融機関において一般的に提供されているものばかりであろう。重要となるのは、これら機能が単体ではなく、トータルのパッケージとして利用者の目線から再構成され、パートナーとなる金融機関と共同でサービス提供を行うことで、企業単位で従業員の財政状況を把握することが可能な点である。金融機関にとっては、これらのデータから職域営業へとつなげることが可能となるほか、企業や従業員の与信判断上の重要情報を得ることができる。

　さらに、売掛金など、中小企業の債権回収の分野においてもFintechスタートアップがサービス提供を行っている。米国においても近年では債権回収会社の強引な手法が社会問題化するといった事態が生じている。TrueAccordでは、債権回収業務において最新テクノロジーを適用し、こうした事態の解消を目指す。同社では、債権者がWeb上で自社債権に関する

第２章　拡大するFintechサービスの特徴　■　71

情報を入力すると、それら債権に関して独自の分析を行い、最適な債権回収プランを提示する。同時に商用データベースから取得した情報から債務者の行動特性を分析し、債務者に最適なアプローチでコンタクトを図る。債務者は、TrueAccordから個別に返済プランを提示され返済を促されるが、この時、債務者がその返済プランを拒否した場合、より有利なオファーを立て続けに提示したり、間隔を空けて連絡したりするなど、行動分析から導出された個々の債権者にとって最適なアプローチ方法で債権回収が行われる。TrueAccordでは、米国における通常の債権回収会社の回収率が2〜9％のところ、平均して25％の回収率を誇っており、債権者／債務者双方が良好な関係性を維持しつつ円滑に債権回収が行えることを目指す。同社のサービスは、債権回収というこれまで人手が主であった業務に対して人工知能という最先端のテクノロジーを活用するものであることから、創業時点からおおいに注目を集めており、米国の金融専門誌American Bankerなどで今後注目すべき10のテクノロジー企業にも選定された。

　法人向け金融サービスでは、個人向け金融サービスの延長上で立ち上げられたサービスも少なくないため、実はそのサービス利用にあたっての敷居が低く、使い勝手が良いことも特徴となっている。日本においても法人の9割以上が中小・個人事業主を占める一方、ICTを活用した法人向け金融サービスはあまり提供されてこなかったのが実情である。このため、まだまだ参入余地の大きいビジネス領域であるといえる。

## ⑧ 金融機関向けFintechサービス

　ここまで、主にエンドユーザーに向けて直接的にサービスを提供する
Fintechスタートアップを紹介してきた。冒頭でも述べたようにFintechと
は、ICTを活用して付加価値の高い金融サービスを提供することであり、伝
統的な金融機関と競合関係にあるもの以外にも、伝統的な金融機関と協業し
て利用者への価値を高めるものが存在する。金融機関にはこれまでさまざま
な業務分野においてICTを活用してきた歴史がある。顧客と接するフロント
エンドサービスから、金融機関の取引基盤を支えるインフラ／プラット
フォームサービスまで、業務効率化を目的としてICTシステムの導入を図っ
てきた。しかしながら、金融機関におけるデジタル化の進展は、こうした従
来の効率化を目的としたICT活用のみならず、付加価値向上や顧客との関係
性構築を目的としたICT活用へと変化させ、その実現手段としてFintech
サービスの活用に注目が集まっている。

　ここからは、金融機関へのFintechサービスの適用について、フロントエ
ンドサービスとインフラ／プラットフォームサービスに分けて言及したい。
金融機関は、フロントエンドサービスにおいてFintechスタートアップの
サービスを採用することで顧客向けにサービス内容や使い勝手の充実を図ろ
うとする一方、インフラ／プラットフォームサービスといった、これまで金
融機関が多大なシステム投資を行い、技術開発を先導してきた分野について
も、積極的にFintechスタートアップのサービスを採用しようとしている。
Fintechスタートアップが提供するサービスの多くは、API（アプリケーショ
ンプログラミングインターフェース）やSDK（ソフトウェア開発キット）といっ
た自社サービスを他社の環境に組み込みやすいように開発規約やツールを公
開しており、金融機関の既存のシステム環境に比較的容易に組み込むことが
できるといった特徴がある。加えて、ビットコインの基盤技術として注目を
集めるブロックチェーンを金融機関のインフラ／プラットフォームに活用す

第２章　拡大するFintechサービスの特徴　■　73

ることで、技術的革新を図ろうとする動きが活発化するなど、Fintechサービスの活用分野は拡大する傾向にある。以下では、フロントエンドサービス、インフラ／プラットフォームサービス双方で特徴的なFintechサービスを紹介したい。

## (1)　金融機関のUX向上の特効薬となるフロントサービス

　金融機関向けのフロントエンドサービス領域では、これから顧客との主要な接点となるスマートフォンなどのデジタルチャネルにおいてサービス提供を行うものが主流となっている。デジタルサービスにおいて重視されている要素には、これまで繰り返し言及されてきたUXがあげられる。具体的には、デジタルチャネルにおけるデザインや操作性の統一、初心者であっても一目でわかる操作性、サービス利用にあたってその入力が煩わしくないといった要件が求められている。これに加えて、昨今では、店舗といったリアルチャネルにおけるUX向上のためにデジタルチャネルを組み合わせて活用するFintechサービスが登場している。これらUXに関する分野については、ユーザーにとってデバイスごとに最適で利用しやすい環境を提供することを目的としたサービスを提供するFintechスタートアップが多数存在する。

　オランダのスタートアップ企業であるBackbaseは、2003年に創業し、2010年頃より金融機関向けに「ポータルソリューション」と呼ばれる、デジタルチャネルにおける操作性・デザイン性を統一し、その顧客経験を最大化するソリューションを提供している。同社のソリューションは、オランダ最大級の金融機関であるABN　AMROでの採用を皮切りに、現在ではグローバル大手金融機関50社以上で採用されている。Backbaseのソリューションと同様のものはIBMやOracleといった大手SIベンダーからも提供されているが、同ソリューションの最大の特徴は、既存システムに対して大がかりな改修を加えずに導入でき、既存のバックエンドシステムからデータを取り出し、デザイン性の高いフロント画面をつくりだすことを可能とした点にあ

る。さらに、金融機関自身のデータだけでなく、外部からのデータも連携することができる。たとえば、FacebookやTwitterといったソーシャルメディアからその情報を取り出し、金融機関の情報と組み合わせて表示することが可能である。これにより、Facebookの友達リストを取り込んで送金先を指定したり、Twitterのタイムラインで自身の金融サービスに関係のあるものを表示させたりするなど利用者のデジタルな世界での利用方法にあわせて、ネットバンキングサービスをカスタマイズすることができる。また、金融機関の顧客情報とソーシャルメディアからの情報を連携させることでネットバンキングサービス上に表示される広告を個々人にあったものに変更することもできる。Backbaseは金融機関のフロントサービスでのUXを最大化するため、データ連携と収集データから顧客一人ひとりに最適なデザインや操作性を提供することを重視する（図表２−24）。

　こうした外部サービスとの連携は、ユーザーにとってデジタルサービスにおける利便性向上のために今後ますます増加していくものと思われる。特に

■ 図表２−24　BackbaseによるクロスデバイスでのUX向上

（出所）　Backbase Webサイトより

第２章　拡大するFintechサービスの特徴　■　75

スマートフォンを活用したサービスの拡大は、こうした傾向に拍車をかけている。他業種の事例となるが、いわゆる白タクをタクシー代わりに利用するサービスであるUberは、2012年にサービスを開始するや否や瞬く間に普及し、いまではニューヨークやサンフランシスコといった大都市ではタクシーを凌ぐ人気となっている[29]。Uberの特徴として、そのAPIを公開することで外部サービスとの連携性を高めている点があげられる。たとえば、オンラインレストラン予約サービスであるOpenTableはUberと連携して、レストランでの予約と同時にUberで移動のための車を手配し、食事後に車を手配する手間が省けるといったサービスを開発している。このほか、地図アプリであるGoogle Mapで現在地から目的地までの経路検索を行うとUberを呼び出すボタンが表示され、Google Map上からUberを呼び出すことができる。これらは、すべてUberがUberのサービス自身と外部サービスを連携させるためにAPIを公開していることで可能となっている。こうしたAPI開放による外部サービスとの連携は、今後金融サービスの分野でも一般化することが予想される。

　こうした動きを先取りしたサービスといえるのがNAMU Systemsが提供するモバイルバンキングプラットフォームである。NAMU Systemsは元Citibankの銀行員が2014年に創業したスタートアップであり、同社のプラットフォームは、公開直後からさまざまなFintech向けイベントにおいて賞を受賞するなど金融機関関係者からおおいに注目を集めている。NAMU Systemsのモバイルバンキングプラットフォームは、Social Bankingをコンセプトとして利用者の生活空間に根差した金融サービスの実現を目指している。一例として、口座の取引情報と地図アプリなどの位置情報を連携させ、

---

29　余談となるが、サンフランシスコ最大のタクシー会社であるYellow Cab社は、2016年1月、Uberなどの配車サービスの利用拡大に伴う経営不振から米連邦破産法第11条を申請し、民事再生手続に入った。詳細は、The Wall Street Journal「San Francisco's Biggest Taxi Operator Seeks Bankruptcy Protection」（2016年1月24日）http://www.wsj.com/articles/san-franciscos-biggest-taxi-operator-seeks-bankruptcy-protection-1453677177

取引情報と利用したお店の情報を連携して表示させるほか、誰のためにいくらのお金を使ったか管理することができ、取引履歴を家族、友人といった単位で再編集して表示させることが可能である。加えて、API連携によりモバイルバンキングサービスと外部アプリとの連携が可能であり、モバイルバンキングのサービス画面で近くの小売店で利用できるクーポンを確認した後、小売店までの移動のためにUberを呼び出すといった使い方が可能であり、生活の中心で利用されるサービスとなることを目指している。このほか、ビデオチャット機能を連携させることで店舗での取引の代替を図るなど、モバイルバンキングを基盤として生活に必要な金融取引が行えるプラットフォームとなることを目指している（図表2－25）。

　同様の考え方に基づくモバイルバンキングサービスの提供は、ほかのFintechスタートアップでもみられる。ポーランドのスタートアップであるFinanteqが開発したモバイルバンキングプラットフォームにおいても同様にAPI連携による外部サービスの利用が行え、モバイルバンキングにアクセスして取引状況を確認後、チケット販売サイトにアクセスしてお気に入りの

■ 図表2－25　NAMU Systemsが提供するモバイルバンキングプラットフォーム

（出所）　NAMU Systems Webサイトより

アーティストのチケットを入手する、さらに、その費用が足りない場合はその場でローンの申込みが行えるといった拡張性を有する。どちらのサービスにおいても利用者の生活空間に入り込んで金融サービスを利用してもらうことで、その利便性向上のみならず顧客との関係性強化を目指している。このため、自社単独でのサービス提供に限界があるサービスについては、APIによる外部サービスとの連携を積極的に推進する。自前主義によるクローズドな環境でのサービス提供ではなく、こうしたオープンな環境でのサービス提供こそFintech時代に求められる金融サービス提供のあり方に合致するものである。

　このほか、リアルチャネルを強化する一つの方策として、デジタルサービス活用を推進するという動きにも注目が集まっている。スマートフォンを中心としたデジタルチャネルと店舗やATMといった物理的なチャネルとの連携強化であり、この際、スマートフォンに加えて、Bluetoothによる通信を可能とするビーコンなどを活用する。米国においてリアルチャネル連携ソリューションを多数開発するDigital Insightでは、金融機関の店舗に設置したビーコンと利用者のスマートフォンが通信を行うことで、来店顧客の詳細な顧客情報を行員に事前通知するサービスを提供している。顧客が店舗に来店するとビーコンとスマートフォンがBluetooth通信により連携することで、顧客の確認が行われ、来店客の状況を即座に確認して、きめ細かな接客が可能とする。ビーコンに利用されるBluetoothは、その通信範囲がNFCなど非接触決済で利用される通信規格よりも広く、Wi-Fiよりも狭いといった特徴を有する。このため、店舗などの限定された空間において効果を発揮しやすい。今後ともスマートフォンといったデジタルチャネルと店舗といったリアルチャネルを連携させるツールとして活用が進む可能性がある。

　最後に今後のフロントサービスにおいて本格的に活用が進む領域として、音声認識技術や自然言語解析、人工知能の活用があげられる。これはiPhoneのSiriやNTTドコモが提供する「しゃべってコンシェル」に代表されるように、スマートフォンに音声で指示を行うことでスマートフォン内のサービス

を起動したり、もしくはその音声指示に沿って利用者に対して応答を行ったりするサービスである。すでに一部の金融機関では、実サービスへの導入が進んでおり、米国の大手金融機関であるUSAAでは、Nuanceのサービスを活用して、スマートフォン上で「残高照会」や「振込」といった簡単な指示を音声で行うと、それに対応した取引画面が表示されるといった機能を実装する。また、音声によるサービスでは、声紋と呼ばれる個々人の声の波形を記録することとなるが、この声紋は指紋などと同じく、一人ひとりが異なる波形を有する。USAAでは、この波形を活用して、音声による本人認証機能を導入する。ログインにあたっては、事前に登録した「My identity is secure. Because my voice is my password. Verify me.」という一定の長さの文章を呼びかけることで本人認証が可能となる。スマートフォンでの金融取引において、パスワード入力と並行して音声認証を取り入れることで、そのセキュリティ強化を図っているのである。このほかにもU.S. BankやBarclaysといった大手金融機関においても同様に音声認識機能の採用が進んでいる。移動時に両手をふさぐことなく操作できる利便性は、今後も利用者の支持を集めていくものと思われる。

## (2) 金融機関の機能強化を行う インフラ／プラットフォームサービス

インフラ／プラットフォームサービス分野は、金融機関の業務をバックエンドで支えるものであり、Fintechが現在のように注目される以前から、金融機関はICTを積極的に活用してきた。古くからシステムの利用が積極的に推進されてきたインフラ／プラットフォームサービスにおいて、今後、Fintechサービスの活用が進展すると考えられているのが、セキュリティ／認証に関する分野とデータ活用に関する分野である。前者のセキュリティ／認証については、昨今、ネットでの不正送金被害や金融機関システムへのサイバー攻撃といった被害が拡大傾向にあることも影響し、今後よりいっそう注目を集めていくことが予想される。Fintechスタートアップが提供するセ

キュリティ／認証に関するサービスでは専用の認証装置を必要とせず、既存のデバイスを活用したものが多く見受けられる。また、その開発スピードの速さもセキュリティ対応という点において大きな魅力となっている。後者のデータ活用については、分析技術の高度化が進展するとともに、金融機関の業務への具体的な適用が積極的に図られるものとみられる。両分野ともこれまで金融機関や伝統的なICTベンダーが多大な投資を行ってその開発を主導してきたが、今後は金融機関、ICTベンダー主導による開発に加えて、Fintechサービスの積極的な活用が進むと考えられる。

　セキュリティ／認証に関するサービスでは、スマートフォンなど誰もが所有するデバイスを活用し、認証を強化するサービスが多数誕生している。たとえば、カメラ機能などは一般的なスマートフォンであればほぼ内蔵されているものであり、こうした汎用的な機能を活用することで簡易な認証手段を提供するFintechスタートアップが存在する。そのうちの一社であるEyeVerifyは、人間の眼球内の血流を記録することで本人かどうかを認証するソリューションを提供する。EyeVerifyによれば、人間の眼球内の血流は、指紋や手の平の静脈と同じく個々の人間によってその流れのパターンが異なるものであり、どれ一つ同じものがない。このため、この血流パターンを記録することで本人かどうかを識別することが可能となる。具体的な方法としては、スマートフォンのカメラで自身の眼球内の血流パターンを記録し、金融サービスへのアクセス時にもう一度スマートフォンのカメラで血流パターンを確認することで本人かどうかの認証に活用する。EyeVerifyのサービスは、眼球内の血流を記録するものであるため、写真などの静止画による認証はむずかしいなど本人以外のなりすましにも対応する（図表2－26）。

　同様に手軽な生体認証サービスを提供するFintechスタートアップはほかにも存在しており、同じく米国のスタートアップであるSocureでは、スマートフォンのカメラを活用した顔認証ソリューションを提供する。Socureの顔認証ソリューションでは、利用者の顔のなかの特定のポイント

やかたちを記録しており、また、眼の動きなどでそれが「生きた人間」であるのかを特定する。また、これらソリューションをSocureでは、SDK（ソフトウェア開発キット）といったかたちでも提供しており、安価かつ短期間で導入可能となっている点が特徴的である。このような顔認証サービスはすでに米国の金融機関において実用化されている。前述の音声による金融取引機能を実装するUSAAでは、顔認証によるログイン機能をモバイルバンキングに搭載しており、同社では、顔による認証としてスマートフォンの画面上に利用者の顔を写す際に瞬きの有無により、それが本物かどうかを確認している。

　このほか、スマートフォンを活用した本人認証サービスにおいて、利用者本人がスマートフォンを操作する際のパターンを認証手段に活用するサービ

■ 図表 2 －26　EyeVerifyによる眼球を使用した生体認証システム

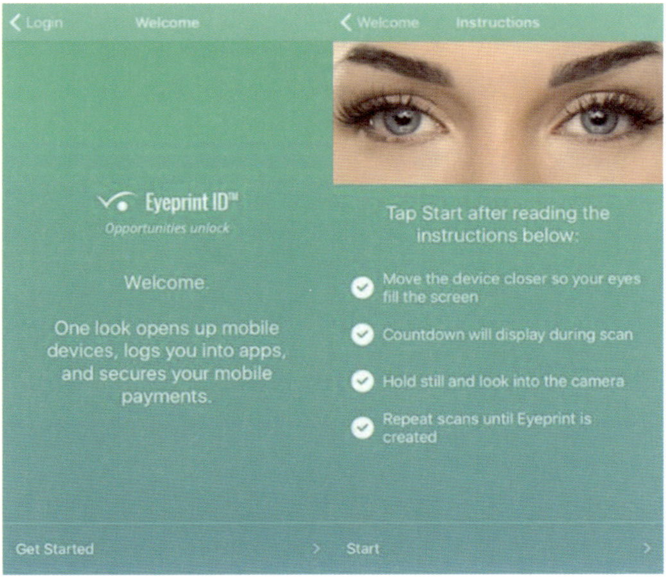

（出所）　EyeVerify Webサイトより

第 2 章　拡大するFintechサービスの特徴　■　81

スも誕生している。スウェーデンのスタートアップ、BehavioSecが提供する認証サービスでは、スマートフォンの画面上での入力パターンを記録することで本人かどうかを識別する。これはAndroidスマートフォンの画面ロック解除方法として採用されているパターン認証において本人確認を行うものである。パターン認証とは、スマートフォンの画面上に表示された九つの点を利用者が設定した方法により指でなぞることで認証するものであるが、そのなぞり方を覚えてしまえば、他人であってもスマートフォンの画面ロックを解除することができる。これに対して、BehavioSecでは、スマートフォンの画面をなぞる速さやなぞり方の癖を記録し、本人かどうかを判断する。つまり、単純にパターンどおりに画面をなぞるだけでは不十分であり、そのなぞるときの速度やなぞり方の癖など本人特有の入力方法を活用して本人認証を行うのである。このほか、オンラインバンキングにおいても、パスワード入力時のキーボードの入力スピード等を記録して本人かどうかを確認する機能も提供されている。BehavioSecのソリューションは、ヨーロッパの金融機関を中心に採用されており、いまでは20の金融機関、1,100万人を超える顧客が利用し、年間で5億回を超える取引の認証を担っている。

　ここで紹介したEyeVerify、Socure、BahvioSecなどは、スマートフォンという一般に普及したデバイスを用いて本人認証を強化するソリューションであり、認証にあたって専用の装置を必要としないことで、その導入コストを抑え、比較的スピーディに導入することを可能とした。また、その操作方法も単純であり、多くの人が簡単に利用できる、UXに配慮されたものであることも大きな魅力となっている。

　このほかにもセキュリティに関するソリューションを提供するスタートアップは多数存在する。特に昨今では大量の取引データを解析し、そのなかから不正な取引パターンを検知するといった方法で不正取引を事前に防ぐことを目指したソリューションも登場している。2013年にシカゴで創業したRippleshotが提供する不正検知ソリューションでは、クレジットカードの取引データを解析し、不正な取引をリアルタイムで検知し、カード発行会社、

加盟店に即座に通知する。同社のパートナーには、クレジットカード国際ブランドのMasterCardが名を連ねている。国際ブランドの多くは、不正取引防止のためのさまざまな技術に投資を行っており、なかでもこうしたデータ解析による不正検知は特に力を入れている分野である。近年では、不正検知に人工知能の活用を検討することも進んでいる。いわゆる機械学習や深層学習といった最新の解析技術の活用により、これまでの不正取引のパターンを学習し、コンピュータが今後発生しうる不正取引のパターンを予測し、不正な取引が起こる前に未然に防ぐといった試行が進んでおり、PayPalでは、深層学習技術を活用して自社の取引データから学習した将来的に発生する可能性がある不正検知パターンを抽出し、セキュリティ部門の専門家による知見をふまえて対策を講じるなどの活用が進む。不正取引の発生とそれへの対策はある種イタチごっこの側面があるが、データ解析による不正検知技術の発展はこうした状況に終止符を打つかもしれない。

　データ分析技術の金融分野への活用は、最も注目を集める動向の一つであり、多くのFintechスタートアップがそれぞれ独自のデータ分析ソリューションを提供している。たとえば、カナダのデータ分析企業であるInetco Systemsでは、ATMネットワークなど金融機関のネットワークから取引データを取得し、それらデータを解析することで金融機関ごとのATMの利用実績を分析して情報提供を行うソリューションを提供する。これらデータに金融機関自身のデータを組み合わせることでチャネルに関する詳細な利用データを取得することが可能となる。このほかにもデータ分析ソリューションは多数登場しており、なかでも昨今では、専門的な知識を持たないビジネスユーザーであっても、これらデータを容易に扱うことを可能とする技術や金融機関の単体でのデータだけでなく、外部のデータを組み合わせて分析を行うものなど、さまざまなソリューションが誕生している。

　また、今後はこうしたデータを連携させる基盤についても注目していく必要がある。フロントエンドサービスにおいても言及したが、今後、金融機関のサービス強化のうえで重要となるのは、APIを活用したデータの連携であ

第2章　拡大するFintechサービスの特徴　■　83

り、それはインフラ／プラットフォームにおいておおいに活用される。たとえば、マーケットデータを金融機関ならびにFintech企業に提供するデータプロバイダーであるXigniteは、これらマーケットデータを金融機関やFintechスタートアップが容易にアクセスできるよう30ものAPIを公開している。Xigniteは、多くのFintechスタートアップに利用されており、PFMサービス大手のYodlee、ロボアドバイザーサービスを提供するWealthfront、Bettermentといった有力Fintechスタートアップが同社のAPIを活用してマーケットデータにアクセスしている。Xigniteでは、こうしたAPI提供によるデータ連携に加えて、Fintech Revolution Ecosystemと呼ばれるデータ連携基盤の構築を発表した。これは、Xigniteと提携するスタートアップなどが共同でデータ連携を容易とする基盤を構築するものであり、金融機関やその他のスタートアップはこの基盤に接続することでさまざまなデータを即座に活用することができる。興味深いのは、ロンドンにあるFintechスタートアップのコワーキングスペースであるLevel39などがこの基盤への参加を表明している点である。同拠点では、創業間もないスタートアップがそのオフィススペースを借りて、自社サービスの開発を行っており、こうした創業間もないスタートアップに対しても門戸を開く、オープンな取組みとしていることが特徴である（図表2－27）。

　最後にこうしたインフラ／プラットフォームにおける従来の仕組みを根底から覆す可能性を秘めているのがブロックチェーンの活用による新たなインフラ／プラットフォーム基盤の構築である。ブロックチェーンは、ビットコインの基盤を支える技術として活用されていたことから注目を集めており、ブロックチェーンの基本的なコンセプトである分散型の管理システムは、これまでの中央集権的な管理システムとは大きく異なる。ブロックチェーン活用による効果は、そのすべてが明確となっているわけではないが、既存のシステムよりもその構築コストや取引コストを削減する目的で、金融機関やFintechスタートアップによってさまざまな実証実験が進められている。すでに米国の新興企業向け証券取引所であるNASDAQが、未公開株式市場で

■図表2-27　Xigniteによるオープンエコシステム

（出所）　Xignite Webサイトより

の取引システムとしてブロックチェーンを採用するなど活用が進んでいる。今後は、証券取引やシンジケートローンといった金融取引の契約業務の側面において活用が進んでいくものとみられている。そして、こうしたブロックチェーンを活用した新たなソリューション開発にあたっても現在では、金融機関単独ではなくFintechスタートアップの参画が必要不可欠となっている。たとえば、NASDAQの場合、Chainというブロックチェーンプラットフォームを提供するスタートアップと提携している。このほか、2015年11月には、Microsoftがニューヨークに拠点を置くスタートアップであるConsenSysと提携し、金融機関向けのブロックチェーンプラットフォームを提供することを発表するなど、ブロックチェーンに関する技術を有するスタートアップとの提携が基本となりつつある。また、2015年9月に発表されたFintechスタートアップR3とグローバル大手金融機関の提携によるブロックチェーン活用のためのコンソーシアムは、金融業界全体に大きなインパクトを与えた。今後は、こうした金融機関のインフラ／プラットフォームを担

う基盤技術であってもスタートアップ等との提携によるオープンな開発体制でなければ技術開発が進展しないのかもしれない。

## 9 Fintechスタートアップによる サービス提供の方向性

　このようにFintechスタートアップが提供するサービスの方向性は、エンドユーザーに対して直接的にサービス提供を行う金融機関にとっては破壊的な変化を巻き起こすようなサービスから、他方、金融機関に対してそのサービス提供を行うことを目的としたものまで存在する。重要となるのは、これらスタートアップによるサービスが、ICTを駆使することによって、エンドユーザーが利用する金融サービスの機能強化が図られ、その利便性を向上させたり、それまで特定の金融サービスを利用できなかったユーザーに対してサービス提供を行ったりすることが可能となっている点にある。今後ともFintechサービスが金融機関のサービスと対抗するかのように誕生し、一方で金融機関のサービス水準を向上させるようサポートを行うサービスが相互に登場していくことが予想される。これらFintechスタートアップのサービスが生き残り、定着していくにはエンドユーザーの利便性を向上させるものであることが大前提となるであろう。

第 3 章

# Fintechに対する海外金融機関の取組み

前章でみてきたように、すでに多くのFintechスタートアップが金融機関の三大業務である預金、融資、為替といった領域に参入を果たしており、これらの領域において、一面では金融機関よりも利便性の高いサービスを提供し、利用者の支持を得ている。一方、金融機関向けにサービスを提供するFintechスタートアップも多数存在しており、金融機関との共創を通じて利用者に対して利便性の高いサービスを提供することを目指している。いまや金融機関は、こうしたFintechのトレンドを好む、好まざるにかかわらずなんらかの関与をしていかなければならない状況にある。

　それでは、海外の金融機関は、迫り来るFintechのトレンドに対してどのように対応しようとしているのであろうか？　第1章でも述べたように、海外の大手金融機関ではこうした昨今のFintechの潮流に対して、既存の金融ビジネスが浸蝕されるのではないかとの危機感を有しており、Fintechスタートアップに対抗して、自社サービスの開発を進める、もしくは、それらサービスを自行サービスに取り入れるなどさまざまな取組みを行っている。

　海外金融機関におけるFintechへの対応に向けたさまざまな取組みは、オープンイノベーションというキーワードで整理することができる。オープンイノベーションとは、現在、カリフォルニア大学バークレー校ハース・スクール・オブ・ビジネスで客員教授を務めるヘンリー・チェスブロウにより提唱された概念で、企業の研究開発にあたって、自組織の経営資源のみならず積極的に外部の知見を取り入れることがイノベーション創出に有効であるとする考え方である。いうまでもなく、Fintechは、利用者のニーズの面からもテクノロジーの面からも変化の激しい分野であり、常に最新の動向を取り入れ、自社サービスの革新を図るために継続的にさまざまな外部企業や有識者からの知見をうまく取り込むことが必要である。このため、金融機関であってもオープンな体制のもと、積極的にスタートアップやその他の企業と接していくことが求められる。

　金融機関におけるオープンイノベーションに向けた取組みとしては、大きく分けて以下の三つに分類される（図表3－1）。一つは、Fintech向けのベ

ンチャーキャピタルなどを自組織内に設け、Fintechスタートアップに対して出資や買収を行うものである。将来有望なFintechスタートアップに対して積極的にかかわっていくことで一定の影響下に置くことができ、自社サービスの高度化を図るうえで有効である。

　二つ目は、異業種を含むFintechスタートアップとの提携ならびに共同でのサービス推進である。Fintechのような変化のきわめて激しい領域では、多くの異業種との提携により新たなサービスを続々と生み出していくこと、またそれに伴い得られたノウハウを継承していくことが重要である。近年ではアクセラレータープログラムと呼ばれるスタートアップを育成する場を設け、スタートアップと二人三脚で新たなサービス提供に取り組む金融機関も存在する。

　そして三つ目は、自社内でのイノベーション組織の設立である。自社内組織といっても外部との連携を重視し、オープンな環境でのサービス開発を目指しており、なかには正式発表前のサービスについて試作段階で顧客に提供

■図表3-1　海外金融機関におけるFintechへの対応

第3章　Fintechに対する海外金融機関の取組み　■　91

する金融機関も存在する。

　以下では、オープンイノベーションにおける三つの類型からそれぞれの取組みの特徴について詳述するとともに、これら3類型をうまく取り入れ、イノベーティブな金融機関として著名なスペインの大手金融機関であるBBVAの取組事例を取り上げたい。

## ❶ 買収・出資

　金融機関ではかねてより、自社内にベンチャーキャピタルを有し、数多く
の成長企業に投資を行ってきた実績がある。一般的に、これらベンチャー
キャピタルの投資目的は、投資した企業の成長を支援し、成長により生み出
されるキャピタルゲインを得ることであろう。しかしながら、Fintechス
タートアップが大きな影響力を持つ昨今、このようなキャピタルゲインを獲
得するという視点に加えて、金融機関では、本業である金融ビジネスにおい
てシナジーを発揮できるようなFintechスタートアップを中心に投資を行う
ベンチャーキャピタルを設立するケースもみられる。これらFintech向けの
ベンチャーキャピタルでは、Fintechスタートアップへの投資に留まらず、
スタートアップの活用を含めた多様な取組みにより新たなサービスを生み出
すことを目指している。

　米国を代表する大手金融機関Citibankでは、その傘下にCiti Venturesとい
うFintechスタートアップ向けのベンチャーキャピタルを有している。Citi
Venturesは、2010年にシリコンバレーの中心地であるパロアルトに設立さ
れ、同社の代表であるデビー・ホプキンズは、CitigroupのCIO（チーフ・イ
ノベーション・オフィサー）を兼務しており、グループ全体のイノベーション
戦略の舵取りを担っている。

　Citi Venturesが対象とする投資領域は、自社の金融サービスと密接につ
ながりのある分野が中心であり、ビッグデータ＆分析、決済＆コマース、
フィナンシャルテクノロジー、そしてセキュリティ＆エンタープライズITの
４分野に絞ってスタートアップへの投資が行われている。これまで23のス
タートアップに投資を行っており、なかにはモバイルPOSサービスを生み出
したSquareやロボアドバイザー分野を切り開いたBetterment、さらにはブ
ロックチェーンプラットフォームを提供するChainなど多くの著名Fintech
スタートアップへの投資を実践している。

第３章　Fintechに対する海外金融機関の取組み　■　93

また、Citi Venturesでは、投資に留まらず、さまざまなかたちでFintech
スタートアップへの支援を行っている。具体的には、Fintechスタートアッ
プのPOC（Proof of Concept）に対する積極的な投資や同じグループ内のイノ
ベーション研究組織であるCiti Innovation Labと提携してFintechスタート
アップを活用した金融ビジネスへの最新テクノロジー活用を支援するといっ
たものであり、こうした活動によりCitigroup独自の成果が現れ始めてい
る。たとえば、2015年5月、Citibankがブロックチェーンを活用した独自の
仮想通貨であるCiticoinを開発中であるとの報道がなされたが、こうした業
界の最先端をいく独自の研究開発は、Citi Venturesでの活動がおおいに関
与していると考えられる。Citi Venturesは、単にFintechスタートアップへ
の投資に留まらず、Citigroup内のFintechを活用したイノベーティブなサー
ビスの開発にもおおいに影響を与えていると推測される。
　このほか、世界各地でFintech向けベンチャーキャピタルが金融機関によ
り設立されており、ヨーロッパのFintech推進の中心地であるロンドンにお
いては、特に活発である。2014年に設立されたSantander Innoventuresは、
スペインの大手金融機関であるSantanderによるFintech向けベンチャー
キャピタルであり、Fintechに関する情報収集と有力Fintechスタートアップ
への投資を目的として設立された。同社では、ヨーロッパ市場を中心にサー
ビスを拡大するモバイルPOS大手のiZettleや仮想通貨を活用したグローバル
送金ネットワークを構築するRipple、そしてオルタナティブレンディング分
野で10億ドルの評価額をつけたKabbageなど、ヨーロッパに留まらずグロー
バルで成長性著しいFintechスタートアップに投資を行っている。同社で
は、対象とする投資領域をFintechのなかでも細分化させていることが特徴
であり、決済、マーケットプレイスレンディング、ロボアドバイザー、アナ
リティクス、デジタルデリバリー（ブロックチェーンを中心とした技術活用）
に絞っている。今後は、ブロックチェーンに関する技術を有するスタート
アップを対象としたビジネスコンテストを開催するなど積極的にFintech
サービスの開拓を行っている。

このように、海外大手金融機関で設立されたFintech向けベンチャーキャピタルの多くは、自行におけるイノベーション推進活動とのシナジーを意識しているものが多い。また、こうした取組みを通じて金融業界全体のイノベーション推進を進めることにもつながっている。

## ❷ 提 携

　海外金融機関におけるFintechへの対応は、ベンチャーキャピタルによる出資といった取組みに限定されるものではない。特に昨今では、創業間もないスタートアップに開発資金や開発場所を提供することで、そのサービス開発を支援するアクセラレータープログラムと呼ばれる取組みを実施する金融機関も存在する。スタートアップに対するアクセラレータープログラムとしては、DropboxやAirbnbを支援したY CombinatorやNeobankサービスのSimpleを支援していた500 Startupsなどが有名である。アクセラレータープログラムは、その提供資金は限られたものであるものの、プログラム期間中には過去の著名サービスの起業家などのアドバイスを受けることができ、かつ将来有望なスタートアップが一つの場所で切磋琢磨しながらそのサービス開発を行うものであり、文字通りスタートアップのサービス開発をアクセラレート（加速）する役割を担う。たとえば、Y Combinatorのプログラムは、12万ドルの開発資金とシリコンバレーに開発拠点を与え、3カ月間の限られた期間でのサービス開発を目指す。Y Combinatorは、限られた開発資金、かつ3カ月間という短期間でのプログラムではあるが、シリコンバレーの著名プログラマー兼起業家であるポール・グレアムが運営メンバーとして参加し、加えて、これまで数多くの有名スタートアップが実際に巣立っていったことから、スタートアップがこぞって応募する人気プログラムとなっている。Wells Fargo、BBVA、Barclaysといった大手金融機関は、短期間で有望なスタートアップが誕生するアクセラレータープログラムの利点に目をつけ、Fintechスタートアップを育成する有効な手段として活用しているのである。

　英国の大手金融機関であるBarclaysでは、2014年よりBarclays Acceleratorと呼ばれるアクセラレータープログラムをロンドンで開始している。Barclaysは、英国においてアクセラレータープログラムを長年実施してきた

Techstarsと提携し、Fintech向けの独自プログラムを構成している。Barclays Acceleratorでは、応募されたFintechスタートアップのなかから10のスタートアップが選定され、開発資金・場所が提供される。そして、これらに加えて、メンターと呼ばれるFintech業界における著名人がアドバイザーとして同プログラムに加わっている。メンターには、海外送金サービスTransferWiseやマーケットプレイスレンディングCircleといった英国を代表するFintechスタートアップの創業者、Barclaysをはじめとする金融機関の専門家、そして多くのベンチャーキャピタリストが参加しており、13週間のプログラム期間中に、これらメンターからのアドバイスを受けることでそのサービス開発を効率的に行うことが可能となっている。Barclays Acceleratorでは、そのプログラムの最後にビジネスコンテストが開催され、先ほどのメンターなどFintechサービスにおける多くの専門家がスタートアップの開発したサービスを評価する。Fintechスタートアップにとっては今後のビジネスの展望が大きく広がるプログラムとなっている。

　Barclays Acceleratorは、あくまでオープンな取組みとして実施されていることも特徴であり、Barclaysがプログラム卒業生と提携することもあるが、それは必ずしも強制的なものではない。Fintechスタートアップはこのプログラムを皮切りに世界的な企業となることを目指して参加し、Barclaysもそれを支援するというスタンスであり、まさにオープンイノベーションを体現するものである。Barclays Acceleratorはロンドンを皮切りに2015年にはニューヨークにも拡大された。さらに2016年には南アフリカのケープタウン、イスラエルのテル・アビブでも開催される予定である。世界の各地でFintechによるイノベーションを加速させる取組みとして今後ともおおいに注目を集めていくであろう。

　このほかにも外部の団体やスタートアップと提携してサービスの革新を目指す取組みが近年増加している。そうした取組みのなかでもおおいに注目を集めているのがFintech企業であるＲ３によるブロックチェーン研究のためのコンソーシアムである。2015年９月にＲ３により発表されたこのコンソー

シアムでは、九つの世界的な大手金融機関が中心となって、ブロックチェーン活用に向けた取組みが行われることが発表され、その後、さらに参加を表明する金融機関が増え、2016年2月現在では、42の世界的な大手金融機関が参加している[1]。参加金融機関にはCitibankやHSBC、JPMorgan Chaseといったグローバルにビジネスを展開する大手金融機関が名を連ね、日本からも三菱東京UFJグループ、みずほフィナンシャルグループ、三井住友銀行といったメガバンクグループが参加する。こうした世界トップクラスの金融機関の参加により、革新的なサービス誕生に向けた期待を高めている。R3によるプログラムの具体的な内容は明かされていないものの、ブロックチェーンという今後の金融サービスを抜本的に変革するかもしれない技術を活用することが発表されており、世界的な大手金融機関が革新的な技術活用のために、Fintech企業を中核に据えたコンソーシアムに集うこと自体、大変画期的なことである。

---

1　R3「R3 brings eleven major global financial institutions together on a cloud based distributed ledger」（2016年1月20日）https://jo-lang-z7qm.squarespace.com/press/2016/1/20/r3-brings-eleven-major-global-financial-institutions-together-on-a-cloud-based-distributed-ledger

## ❸ 自社内革新組織

　このように急激な盛り上がりをみせ、かつ変化の激しいFintechのトレンドを追いかけるために、金融機関では自社内にもイノベーションに関する研究組織を設けて、そのトレンドから生み出される新たなサービスの開発に余念がない。なかには、テクノロジーの最新トレンドを追うため、スタートアップが多く集まる地域に複数の拠点を設ける金融機関も少なくない。Citigroupでは、シリコンバレーのほか、テキサス州オースティンなど米国内において有望なスタートアップが集まる地域にテクノロジーに関する研究施設を設置している。ドイツの大手金融機関Deutsche Bankでは、ベルリン、シリコンバレー、そしてシンガポールと世界中に研究機関を設けており、それぞれの拠点において、ICTベンダーと共同で研究を進めている。このほかにもシリコンバレーに拠点を設ける金融機関は増加傾向にあり、昨今では日本国内の大手金融機関も研究拠点を開設している。これら金融機関による研究組織についてもオープンイノベーション時代ならではの特徴を有している。それは、テクノロジーに関する研究を自社内のリソースのみで行うのではなく、広く社内外のリソースを活用して進めていることである。このため、金融機関が有する多くの研究拠点では、オープンなスタンスで設計され、そのオフィスも自然と開放的なものとなっている。

　こうしたなかでも特徴的な取組みを行っている金融機関に米西海岸を中心に展開する大手金融機関Wells Fargoがあげられる。同行では、サンフランシスコに最新テクノロジーの活用を目的とした研究所であるWells Fargo Innovation Labを開設している。同所には、最新ATMのモックなどが設置されており、日夜、新サービスに関する研究が行われているほか、正式開始前のサービスを一部の利用者にベータ版として提供し、そのフィードバックを得るといった取組みを行っている。このフィードバックシステムは、Wells Fargo Labsと呼ばれるWebサイト上で提供されており、モバイルバ

ンキングアプリや新型の決済サービス、また、かつてはGoogle Glass上で提供される新たな金融サービスなど多岐にわたる新サービスが紹介されており、基本的にWells Fargoの顧客に対して検討中の新規サービスのテスターを募っている（図表3－2）。

　上記のフィードバックシステムをうまく機能させるために、Wells Fargo Labsでは、具体的に以下のような取組みを行っている。まず、新サービスの創出にあたっては、Wells Fargo内部のテクノロジーチームが世の中のトレンドなどを分析し、新たなサービスのコンセプトを作成、それに基づきベータ版のサービスを開発する。こうして開発されたサービスは、Wells Fargoの内部に設けられたテスターチームにおいてテストが行われ、その後、前述のWells Fargo Labsにおいて一般の人々によるベータ版のテストが行われている。

　Wells Fargo Labsでは、これまで携帯電話のショートメッセージで取引が

■ 図表3－2　ベータテスターを募るWells Fargo Labs

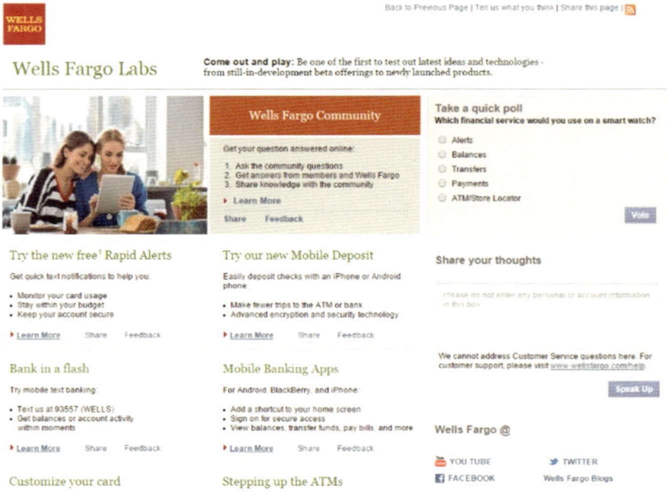

（出所）　Wells Fargo Labs Webサイトより

できる銀行サービスや顧客のキャッシュフローをモバイルで詳細にトラッキングできる機能、そして前述のようにGoogle Glass上で利用できるモバイルサービスなど、主にデジタルサービスを中心とした新たなサービスを、このベータテストにおいて提供している。また、実サービスの導入にあたっては、こうした実際の顧客の声を重視して新サービスの導入につなげている。このため、このベータテストにおいて評判の悪いサービスは、その開発が中断することもありうる。Wells Fargoのベータテストを用いた新サービス導入の取組みは、従来の開発プロセスと異なり、顧客との共同作業で新たなサービスを生み出すものであるといえる。

## ④ BBVAによるイノベーションを促進する取組み

　ここまでみてきたように、海外の大手金融機関では、Fintechというトレンドへの対応とそれに伴うスタートアップの躍進といった状況に対応するため、オープンイノベーションを軸にその対抗策を講じている。なかでもスペインの大手金融機関BBVAでは、イノベーションを自行のミッションと定義し、積極的な投資を行っている。特に近年ではスタートアップとの提携や自行での革新的なサービスの開発など多方面でその成果が現れており、Fintech推進においては、最も注目すべき金融機関の一つであるといえる。本書の冒頭でも紹介したように同行では、そのトップに当たるチェアマンのフランシスコ・ゴンザレスが、「将来的にソフトウェア会社になる」と発言したことからも明らかなように、GoogleやApple、そしてAmazonといったネットを中心に発展する新興企業を自らの競合としてとらえ、革新的なサービスを生み出すことを目指し、積極的な取組みを行っている。

　BBVAにおけるFintech推進に対する取組みでは、これまでに紹介してきた買収・出資、提携、自社内組織といったそれぞれの取組みを効果的に組み合わせることで成立している。自社内組織としては、BBVA Innovation Centerと呼ばれるイノベーションに関する研究組織を本拠地であるスペインのマドリードに設立している。同研究拠点は、MIT Media Labの所長を務める伊藤穰一もアドバイザーとして参画しており、自行に限定されない幅広い視野での研究が行われている。提携にあたっては、このInnovation Center主催でBBVA Open Talentと呼ばれるアクセラレータープログラムが運営されている。同プログラムは、スペインと米国のそれぞれ2拠点で行われ、有望なスタートアップの発掘を目的としている。特にスペインでこれらプログラムを実施するのは、自国におけるFintechスタートアップの育成という側面も含まれている。加えて、買収・出資といった取組みでは、Fintech向けのベンチャーキャピタルであるBBVA Venturesでの取組みが中

核である。2011年に設立されたBBVA Venturesは、スペイン本国と米国サンフランシスコに拠点を持つFintechスタートアップへの投資を専門としたベンチャーキャピタルであり、時には有望なスタートアップを買収するといった積極的な関与を行っている。BBVA VenturesにおけるFintechスタートアップへの投資においては、投資を行ったスタートアップが成長して投資収益をもたらすことが第一義であるが、それだけではなくBBVAの本業である金融サービスに好循環をもたらすことも重視される。このためBBVA Venturesでは、これまで多くのFintechスタートアップとの接触を図ると同時に、これらスタートアップと提携し、さまざまなノウハウを採用することでBBVAにおける新たなサービスの創出に貢献してきた。BBVAにおける取組みからは、スタートアップとのかかわりからサービスを生み出すうえで重要な二つの視点が浮かび上がってくる。

　一つは、「オープン」であることを意識したスタートアップとの接触過程である。BBVA Venturesでは、限られた時間のなかで多くのスタートアップと効果的に接触するために複数のベンチャーキャピタルと有望な投資先に対する情報を定期的に連携しており、自社で投資先として選定したにもかかわらず、条件に見合わないスタートアップを提携先のベンチャーキャピタルに紹介したり、またその逆としてこれらスタートアップから有望な投資先を紹介してもらったりしている。さらに、Fintechスタートアップへの投資にあたっては、それが自行の競合分野かどうかに関しても「オープン」であることを意識している。BBVA Venturesによれば、投資候補先の展開するサービスが自行のサービスと競合する場合、その投資判断を見送るのではなく、出資を行ったうえで自行のサービスと積極的に競争させることを目指す。つまり、自行のサービスとスタートアップとのサービスを比較する場を設け、もしスタートアップのサービスが優れていた場合は、自行サービスの改善や時には開発そのものを取りやめることを促し、スタートアップへのさらなる投資を検討する。こうした「オープン」であることを意識した戦略が結果としてBBVAにおけるサービスレベルの向上に貢献している。

第3章　Fintechに対する海外金融機関の取組み　■　103

もう一つは、「失敗」することを前提としたサービス創出プロセスの設定にある。BBVA Venturesでは、スタートアップへの投資により得られたノウハウを活用して新たなサービスを生み出すために、以下の6段階に分けたサービス創出プロセスを設定する（図表3-3）。このプロセスは、「機会の発掘」「概念化」「価値査定」「プロトタイプ化」「パイロット版投入」、そして「サービス展開」の6プロセスに大別される。これらプロセスはスタートアップから得られたノウハウを活用して新たなサービスを生み出す際に適用され、まず、機会の発掘段階において多くのFintechサービスに接触を図り、有望なサービスを見つけ出すことを意識する。さらにこうした多くのFintechサービスとの接触で得られたアイデアを整理して概念化を図り、さらにその市場価値を査定する。こうして一定の市場価値が想定されるサービスについては、プロトタイプを作成し、市場への投入を図ることでサービスの評価を行う。こうしたプロセスを経てサービスの選別が行われ、最後のサービス展開まで残るものはわずかとなる。つまり、プロセスの途上におい

■図表3-3　BBVAにおけるイノベーション創出プロセス

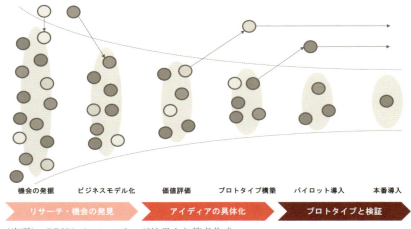

（出所）　BBVAでのヒアリング結果より筆者作成

て多くのサービスが「失敗」するのであり、BBVAでは、こうした多くの失敗の蓄積から新たなサービスが生み出されている。

　このように、BBVAでは、「失敗」を前提としたサービス創出プロセスに加え、時には競合に当たる他社とも「オープン」な関係性を築き上げることで新たなサービスの提供に成功している。たとえば、昨今では、自行のWebサービスの利用促進と金融教育の両立を目指したBBVA Gameと呼ばれるゲームサービスを立ち上げているが、これには第2章で紹介したBBVA Venturesの投資先であるゲーミフィケーションを活用した金融サービスを提供するSaveUpのノウハウが活用されている。出資や買収といった手段だけでなく、BBVAでは、近年、多くのスタートアップとの提携により新たなサービス提供が試みられており、傘下の米銀であるBBVA Compass Bankでは昨年、LendingClubに続いてIPOを果たしたオルタナティブレンディング事業者のOnDeckとの提携やP2P決済サービス事業者のDwollaとの提携による自行顧客へのリアルタイム送金サービスの提供などを相次いで発表した。このように短期間で顧客向けのサービスを高度化する際には、Fintechスタートアップのサービスを自行のサービスに組み込む方法を採用しており、BBVA Venturesにおける取組みが大きく貢献していることがわかる。さらに他行との差別化を積極的に図ることを目的としてスタートアップを完全に買収することにも積極的である。たとえば、前章で触れた若年層向けのデジタルサービスの強化を目的にNeobankサービスのパイオニアであるSimpleを買収した事例はその好例である。このほかにもスペインでデータ分析サービスを展開するスタートアップであるMadiva Solucionesを買収するなど、重要分野に対する積極的な投資を惜しまない。また、2015年4月には、サンフランシスコに拠点を置くUXデザインコンサルティングファームであるSpring Studioを買収したことでも注目を集めた。Spring Studioは、デジタルコンテンツにおけるUXの向上を目的にデザインを手がけることで定評があり、金融業界に留まらず、さまざまな業界に向けてそのデザインを請け負っている。BBVAは、これからのデジタル社会においてはUXデザインこ

第3章　Fintechに対する海外金融機関の取組み　■　105

そが核心になると考えており、いち早くデザインファームの買収に動いたのである。Spring Studioは、BBVAからの買収後、他業界のデザインは従来どおり手がけるとしているが、金融機関向けのデザインに関しては、基本的にBBVA専属となる。このようにBBVAでは、他行と差別化を図りたい分野に対して、いち早くスタートアップの買収を図り、他行との競争優位性を保っている。ちなみに金融機関によるUXデザインファームの買収は、BBVAに限ったものではない。米国の大手金融機関Capital Oneも同様にUXデザインファームのAdaptive Pathを買収しており、金融サービスのデジタル化の進展に伴い、今後、UX分野において他行との差別化を図りたい金融機関は積極的にデザイン会社を保有するようになるかもしれない。

　このように外部からは、数多くの成果をあげているようにみえるBBVAの取組みであるが、同行では自社内のイノベーション推進体制についても試行錯誤による革新を目指している。2016年2月、BBVAはBBVA Venturesからその資本1億ドルを引き上げ、新たに1.5億ドルの資本を加えて、Propel Venture PartnersというBBVAから独立した新たなFintech向けベンチャーキャピタルを設立することを発表した。米国の法規制では、銀行系ベンチャーキャピタルはスタートアップに対して、その株式の5％までしか出資できない。このため、BBVAとしても有望なスタートアップに対して自らの影響力を行使できないことが関係しているのではとみる向きがある。Propel Venture Partnersの運営チームにはBBVA Ventures出身者が名を連ねており、その投資先もBBVA Venturesから引き継いだものが多いことから、BBVAとしては、自ら出資したFintechスタートアップへの関与をより高めることを意識していると考えられる。このようにFintechスタートアップを取り込み、その金融サービスを高度化させるプロセスにおいては、金融機関自らもその組織形態を状況にあわせて変革させていくことが求められているのである。

　ここまでみてきたように海外の大手金融機関では、Fintechというトレンドをうまくとらえ、自行サービスの高度化に向けて積極的な投資を行ってい

ることがうかがえる。こうした背景には、やはり金融機関自身の危機感も大きく作用していると考えられる。デジタル時代を迎えて金融機関の競合は、金融機関ばかりでなく、若年層から多くの支持を集めるスマートフォンアプリ開発会社までもが含まれることとなった。海外の大手金融機関はこうした構造的な変化にいち早く反応し、自社サービスの生き残りを懸けた変革を行っている。構造的な変化へ対応するためには、今後の中核的な顧客層であり、デジタルサービスとの親和性が高い若年層に対していかにアプローチしていくかが重要となってくる。前述のBBVAについても同様のことが当てはまる。同行は、2000年代に入り、積極的に海外進出を図っているが、主な進出国は米国や南米のスペイン語圏の国々となっている。これらの国々では若年層が人口のボリュームゾーンを占めており、金融機関にとっての重要な収益源となっている。こうした顧客層に対していち早く訴求するためにも積極的にサービス変革を行うことが必要であり、Fintechへの対応はこうした戦略的な重要性を持つものである。

## ❺ 金融機関独自の対抗戦略

　このほか、金融機関では、押し寄せるFintechサービスに対抗するかのように、独自に利便性の高いサービスの開発にも乗り出している。これら金融機関による独自サービスは決済領域を中心に発展している。つまり、Fintechスタートアップによる浸蝕が最も早く始まった領域であり、金融機関の危機感の強さの現れであるともいえよう。

　米国では、Bank of America、JPMorgan Chase、Wells Fargoの大手3行が共同で独自の決済ネットワークを構築している。clearXchangeと呼ばれるこの決済ネットワークは、これら3行の顧客に対して無料でリアルタイムでの決済サービスを提供するほか、その利用は相手の電話番号、もしくはメールアドレスだけで利用できるなど利便性も向上させている。米国では、ACH（Automated Clearing House）[2]と呼ばれる決済ネットワークが存在するが、その決済には数日を要してしまうなど使い勝手の悪さが課題となっていた。近年のPayPalなどの決済サービスは、こうした既存の決済ネットワークと比較して安価なだけでなく、利便性が高いことが、既存の金融機関が提供するサービスよりも支持される結果につながっている。上記3行の1日の決済取扱高は、米国における決済の約40％を占めるという。大手金融機関が、独自に決済ネットワークを高度化させ、次世代の決済サービスに対抗している点は大変興味深い。

　また、金融機関が独自にモバイル決済サービスを始める事例も拡大している。clearXchangeに参加している大手金融機関、JPMorgan Chaseは、Chase Payと呼ばれるモバイル決済サービスを2016年より開始する。同サービスは、基本的にChase Bankに口座を持つ利用者であれば利用することができるもので、決済には、NFCやQRコードを使用する。また、加盟店側に

---

2　米国において主に小口の決済に活用される銀行間の決済ネットワーク。

とっても決済ネットワーク利用にかかる手数料を無料とするなど、後発での
サービス開始ながら利用基盤の拡大が見込める体制となっている。Chase
Bank自身、現在は約9,400万の口座を抱え、内部での１日の決済処理件数
は、約3,400万となっている。すでに膨大な顧客基盤と決済処理能力を抱え
るChase Bankでは、今後、小売事業者を中心としてモバイル決済サービス
CurrentCを提供予定のMCX（Merchan Customer Exchange）とも提携し、モ
バイル決済業界でのデファクトスタンダードをねらう。

　既存金融機関による対抗戦略は、米国以外の国々においてもみられる。英
国では、金融機関が中心となって設立された決済システム会社である
VocaLink社が中心となり、小口決済におけるリアルタイム送金を可能とす
る決済ネットワークFaster Paymentsが導入されている。Faster Payments
は、24時間リアルタイムで送金が行える利便性が支持され、英国国内で多く
の利用者を抱えているが、現在では、さらなる利便性向上を目的にスマート
フォンを活用した新たな決済サービスの提供が行われている。一つは、
Paymと呼ばれる2014年４月より開始した携帯電話番号を活用した送金サー
ビスである。Paymでは、利用者同士が相手の口座番号を知らなくても電話
番号を指定するだけで自動的に送金相手を特定し、送金を行うことができ
る。電話番号だけで簡単に送金が行える利便性が多くの利用者の支持を受
け、サービス開始から１年あまりで登録利用者数が300万人を突破してい
る[3]。もう一つの注目すべきサービスとして、Zappと呼ばれるモバイル決済
サービスがあげられる。このサービスもまたFaster Paymentsを基盤とする
サービスであり、決済時に銀行口座からダイレクトに口座引落しが行われる
という特徴を有する。同サービスは現在、正式提供に向けて実証試験中の段
階であるが、近い将来に大手金融機関を中心に利用可能となる予定である。
こうした利便性の高いサービスを英国の銀行が主導的に提供する背景とし

---

3　Paym「Paym Statistical Update」（2016年２月22日閲覧）http://www.paym.co.uk/si
tes/default/files/embedded-files/Paym%20Statistical%20Update%20-%20February%20
2016.pdf

■図表3－4　英国における金融機関主導の決済サービス提供

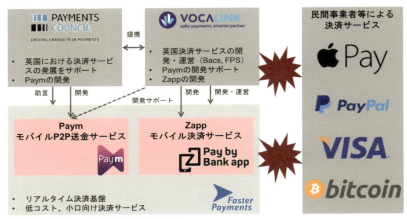

（出所）　各社Webサイトより筆者作成

て、英国国内で急速に普及する新たな決済サービスの影響が考えられる。英国では、2012年のロンドンオリンピックを機にモバイル決済サービスが急速に普及した。いまや英国の公共交通機関ではモバイル決済が一般化しており、商店などの少額決済においてもNFCを中心としたモバイル決済サービスを利用する人々の割合が増加している。また、2015年10月にはApple Payが本格的にサービスを開始しており、こうした金融機関以外のプレイヤーによるモバイル決済サービスの提供と急速な普及が金融機関側の危機感を醸成し、こうした利便性の高いサービスの提供につながっていることは想像に難くない（図表3－4）。

第 **4** 章

# Fintechへの諸外国における公的機関の対応

前章までFintechのトレンドに対する民間での動きを中心に紹介したが、本章では、政府を中心とした公的機関におけるFintechへの取組体制について見ていきたい。Fintechを推進する主体は、スタートアップや金融機関といった民間セクターが中心であり、政府といった公的機関がFintechの推進に向けて積極的に関与することに違和感を覚える人がいるかもしれない。事実、米国では民間の事業者やベンチャーキャピタリストなどが中心となってスタートアップの育成を支援する取組みが活発化しており、これまで多くのFintechスタートアップが誕生してきた経緯がある。これは、シリコンバレーを中心にスタートアップを育成するエコシステムが構築されている米国ならではの事情が大きく影響している。このようなエコシステムが定着しているのは、米国のシリコンバレーなど限られた地域のみであり、Fintechへの取組みを積極的に推進しようとする他の国々をみた場合、自国における新たな産業育成に結びつけようと政府が積極的に関与していこうとする動きがみられる。本章では、こうした動きが特に顕著な英国やルクセンブルクといったヨーロッパ諸国、そして、シンガポール、韓国といったアジア諸国での取組みを確認していきたい。

# ❶ 「Global Fintech Capital」を目指す 英国

　現状、Fintechに対する支援を積極的に推進している国として真っ先に名前があがるのが英国である。英国がFintechの推進に熱心な状況は国のトップの発言からも読み取れる。2015年7月、英国首相であるデービッド・キャメロンは、東南アジア歴訪時にFintechに関する取組みについて触れ、同国への積極的な投資を呼びかけた。こうした発言が行われる背景には、同国における継続的なFintech推進に向けた取組みがある。キャメロン首相の発言から遡ること1年あまり前の2014年8月、財務大臣であるジョージ・オズボーンは、英国を今後「Global Fintech Capital」として発展させ、世界中から多くの有力スタートアップを集め、新たな雇用を創出していくことを発表している[1]。同スピーチでは、英国における著名なFintechスタートアップを時折紹介しながら、Fintech推進の取組みが次々と発表されたことも話題となった。

　こうした英国政府におけるFintech推進の取組みとして特筆すべきものに、金融行為規制機構（FCA）によるProject Innovateがあげられる。Project Innovateは、現在では英国国内のみならず世界的にも注目度の高い取組みとなっている。

　Project InnovateにおけるFintech推進の取組みとしては、次の二つがあげられる。一つは、英国国内において今後、イノベーティブな金融サービスを推進していくにあたり、その推進を妨げるような規制等を調整することである。もう一つは、個々のFintechスタートアップが新たなサービスを開始するにあたり、どのような法規制に抵触する可能性があるのか事前に確認するというものである。

---

1　英国政府公式サイト「Chancellor on developing FinTech」（2014年8月）https://www.gov.uk/government/speeches/chancellor-on-developing-fintech

法規制の調整について、Project Innovateでは、2014年5月の発足時から複数回にわたり、金融機関、Fintechスタートアップ双方から意見聴取を行い、金融分野におけるイノベーションとは何か、イノベーションを推進するうえでの課題とは何かといった問題点を定義し、これらの課題を克服するための具体的な計画を策定している。昨年にはデジタル／モバイル向けサービスを今後促進するうえでの現行の課題等について幅広く一般から意見聴取を行うなど、市場との対話を通じて規制改革を進める取組みを鮮明にしている。

　こうした法制面での取組みにおいて、個々のFintechスタートアップをより強力にサポートすることを目的に、Project InnovateではInnovation Hubと呼ばれる法制面でのFintechスタートアップ支援の取組みを行っている。Innovation Hubでは、新たなサービスアイデアを持つスタートアップからの申請により、そのサービスがどのような規制に抵触するおそれがあるのかといった観点から調査し、スタートアップ企業に対して個別にアドバイスを行う。この時、サポート対象となるFintechスタートアップについては、公開されているProject Innovateのサポート対象基準に基づいて選定されることとなっており、その選考過程もオープンなものとなっている（図表4－1）。このほか、Fintechスタートアップに向けて現行の規制や今後課題となる点をワークショップ等で広報するなど、どちらも「対話」を重視した取組みとなっていることが特徴である。

　このようにProject Innovateにおける取組みは、金融分野における新たなサービスが生み出される際に、何かと問題になる規制面での問題をあらかじめクリアさせようとする取組みとなっている。一般的に金融機関を統括する金融当局は、利用者保護といった観点からその規制の遵守を意識するものであるが、新たなサービスを生み出すためにむしろこうした規制を緩和することを意識した取組みは大変興味深いものであろう。Project Innovateでは、現在おおいに注目を集めているロボ・アドバイザー分野における規制に関していち早く調査することを表明するなど、これからもイノベーション推進をサポートする姿勢を鮮明にしている。

■ 図表4－1　Project Innovateにおけるサポート基準

| 基準 | 判定基準 | ポジティブな評価要素 | ネガティブな評価要素 |
|---|---|---|---|
| 本物のイノベーションであること | ・Fintechスタートアップが実現しようとしているイノベーションが画期的なものであるか、または、従来のものとおおいに異なるものか？ | ・デスクリサーチにおいて同様のイノベーション事例が見つからない、もしくはほとんどない。<br>・第三者の専門家の意見により、Fintechスタートアップのサービスがイノベーティブであると信じるに足るものである。<br>・大胆な変革を生み出すサービスである。 | ・すでに類似のイノベーション事例が存在する。<br>・第三者の専門家が特にイノベーティブであると信じていない。<br>・人為的な差別化を行っているように見受けられる。 |
| 顧客の利益にかなうこと | ・Fintechスタートアップによるイノベーションが顧客が認識できる利益を伴う良い見込みがあるか？（直接的もしくは、高度に高められた競争を通じて） | ・Fintechスタートアップによるイノベーションが利用者にとってより良い商習慣につながる可能性が高い（たとえば、低コスト化や高品質化を通じて）。<br>・Fintechスタートアップによるビジネスにおいて、可能な限り利用者のリスクが認識されており、リスク緩和策が提案されている。<br>・Fintechスタートアップによるイノベーションが効果的な市場競争をもたらす。 | ・金融システムや市場、そして利用者に対して有害な影響を及ぼす可能性がある。<br>・法制面、税務面での義務を避けるように設計されている。 |
| 背景調査がなされていること | ・Fintechスタートアップは、そのサービスに関係する規制を理解するためにこれまでに適切な資源を投入したか？ | ・Fintechスタートアップが可能な限り適切な形で、自らに課せられた義務を理解しようとしている。 | ・関連する規制を理解するために十分な努力を行っていない。<br>・通常のプロセスの外で追加でどのようなサポートが必要か明確でない。 |
| サポートの必要性がある こと | ・Fintechスタートアップのビジネスは真にInnovation Hubによるサポートを求めているか？ | ・FintechスタートアップがほかにFCAと関わりを持つ手段がない。<br>・Fintechスタートアップのイノベーションが容易に既存の規制のフレームワークに合致しそうにない。 | ・会社としてすでに専任の監督者、機関を有している。<br>・コンプライアンス体制が構築されている。<br>・Fintechスタートアップによるイノベーションが既存の規制のフレームワークに容易に合致する。 |

（出所）　英国金融行為規制機構　Project Innovate Webサイトより筆者作成

　このような金融当局の動きに加えて、政府では国を挙げてFintechスタートアップを支援するさまざまな取組みが同時に進行している。たとえば、先ほどのオズボーン財務大臣の発表では、Fintechスタートアップによる新たな発明に対して税制面での優遇措置を設けることが表明されている。加えて、政府系金融機関を通じたFintechスタートアップに対する財政措置や次世代高速通信ネットワークの拡充なども表明され、政府によるFintechに対する支援体制の充実が見て取れる。これらの支援に加え、2015年7月にはFintech分野における首相直属のスペシャルアドバイザーとして米国出身のベンチャーキャピタリストであるアイリーン・バービッジを任命した。英国政府が2015年7月に発表した英国国内の生産性向上に関する計画

第4章　Fintechへの諸外国における公的機関の対応　■　115

（Productivity Plan）においては、今後同氏を中心にFintech分野における国際的な競争力についてのベンチマークを行うとともにFintech分野における競争力推進と新たな雇用創出に向けた取組みを推進していくことを発表している[2]。

　また、金融機関においてFintechサービスを活用するための基盤整備にも重点を置いている。2015年3月、英国大蔵省は、「Data sharing and open data in banking: response to the call for evidence」と呼ばれるレポートを公表した[3]。これは、2014年の英国議会演説（Autumn Statement）における財務大臣の発言を受けて取りまとめられたものである。オズボーン財務大臣は、同演説において英国が今後Fintechにおけるグローバルセンターとなるために、銀行界を中心にオープンデータの活用を推進していくことが必要であると述べている。この発言を受け、国内の専門家や関連団体への調査に基づきまとめられたものが同レポートであり、英国銀行界においてデータ流通を可能とするAPIを構築することの重要性、さらには、その詳細な仕様について検討していくことの必要性を説いている。英国ではこのレポートが契機となり、金融機関におけるオープンデータ化推進に向けた検討が進められていたのである。同検討において中心的な役割を果たしたのは、英国国内のオープンデータ推進に関する研究団体であるOpen Data Instituteであり、BarclaysやHSBCをはじめとする大手金融機関の担当者を招聘して議論が重ねられた。そして、数カ月にわたる検討の末、2016年2月にThe Open Banking Standardとして金融機関におけるオープンデータ化についての基

---

2　HM Treasury「Fixing the foundations: Creating a more prosperous nation」（2015年7月）https://www.gov.uk/government/uploads/system/uploads/attachment_data/file/443897/Productivity_Plan_print.pdf

3　英国政府公式サイト「Data sharing and open data in banking: response to the call for evidence」（2015年3月）https://www.gov.uk/government/uploads/system/uploads/attachment_data/file/413766/PU1793_Open_data_response.pdf

4　Open Data Institute「The Open Banking Standard」（2016年2月8日）http://theodi.org/open-banking-standard

本方針が公表されることとなった[4]。同報告では、オープンバンク構想の実現に向けた今後の工程について示されており、2016年の終わりにはこの報告での仕様に基づくOpen Banking APIが構築され、2017年初頭より顧客データが金融機関とFintech企業にて連携されることとなる。そして、2019年にはThe Open Banking Standardにおいて定められたすべての規格が実現することとなり、オープンバンク構想が実現するとしている。The Open Banking Standardの策定は、金融機関とFintechスタートアップとのサービス連携がよりいっそう高まることを意味し、Fintechスタートアップは、自社のサービス開発において金融機関のデータを活用し、より利便性の高いサービスを構築が求められることとなる。また、金融機関においてもこうしたFintechサービスの活用が今後、顧客獲得においての差別化要素となっていく。

　こうした自国内でのFintech推進活動に呼応するように、英国貿易投資総省では、オーストラリアの有力Fintechスタートアップ10社を2015年9月にロンドンにて開催されたFintechに関するイベントに招待した。これらの有力スタートアップは、イベントに参加するだけでなく、ロンドンにあるインキュベーションオフィス等を訪問しており、将来的には英国国内においてその活動を推進していくことが望まれている。政府としては、国内においてFintech推進に関する環境整備に取り組むとともに、世界の有力Fintechスタートアップの招致にもいち早く乗り出しており、名実ともにGlobal Fintech Capitalとなることを目指している。これらの取組みは英国貿易投資総省（UKTI）が中心となって推進されており、本国のみならず、他国においても積極的に推進されている。

　2015年10月にはロンドン市長であるボリス・ジョンソンが来日し、特にロンドンにおけるFintechに関する取組みの推進状況を自ら紹介している。また、こうした取組みに加えて、ロンドンを拠点とするFintechスタートアップを日本へ紹介するセミナーを実施しており、日本の有力なスタートアップをロンドンに招致できないか積極的な働きかけを行っている。まさに国を挙げてGlobal Fintech Capitalとして発展すべく取り組んでいることが窺えよう。

第4章　Fintechへの諸外国における公的機関の対応　■　117

## ❷ ユーロ圏の「Fintech Capital」を目指すルクセンブルク

　同じヨーロッパ諸国においてFintechに対する取組みが熱心な国としてルクセンブルクがあげられる。ベネルクス3国の一角であるルクセンブルクは、人口約50万人の小国ながら、その四方をフランス、ドイツ、ベルギーといった国々に囲まれているため、国境を跨いだ往来も多い。このため、同国では、ルクセンブルク語、フランス語、ドイツ語が公用語となり、また、英語も公用語同様に通じる。このため、多くの多国籍企業が集積しており、たとえば、Skypeや楽天の欧州拠点である楽天ヨーロッパがその本社を構える。ルクセンブルクは、こうしたICT企業の誘致に熱心であり、法制面においてもさまざまな規制緩和措置がとられたお蔭で、欧州におけるICTサービスの集積地ともなっている。たとえば、同国には20近くのデータセンターが設置されている。その国土面積（2,586㎢）は、神奈川県（2,415㎢）と同程度であり、いかに多くのICT拠点が存立するか想像できよう。そのうえ、ベンチャーキャピタルの拠点数が世界で2番目に多い地域でもあり、投資環境も整っている。このように新興ICT企業の誘致に積極的な同国では、Fintechに対しても積極的な支援を表明している。同国では、毎年春にICT Springと呼ばれる欧州最大級のICTカンファレンスを開催しているが、そのメインテーマの一つにはFintechが取り入れられ、多くのFintechスタートアップを誘致している。2015年に開催されたICT Springでは、日本のFintechスタートアップも参加しており、広く開かれた場とすることを目指している。また、英国政府同様、政府トップによる対外的な広報にも積極的であり、日本にも財務大臣をはじめとしたFintech関係者が来日し、積極的な広報に努めている。

　このほか、ヨーロッパ諸国においては、アイルランドやデンマークなど比較的小規模な国々においてFintechへの優遇施策が進められている。アイルランドでは、政府により設立された国際金融サービスセンター（IFSC）にお

いて、2020年までにFintech関連で１万人の新規雇用を生み出すとしている。IFSCではこれまで、税制優遇などにより多くのグローバルな金融機関を誘致してきたが、今後は、Fintechにも注力し、グローバルな拠点となることを目指している。このようにヨーロッパ諸国においてFintechが推進される背景には、Fintechをキーワードに新たな産業育成を進めたい政府の思惑が現れている。

## ③ Fintech推進へ規制緩和を積極的に推進する シンガポール

　続いて紹介するシンガポールにおける取組みでは、シンガポール金融管理局（MAS）が中心となり、Fintech推進に向けた取組みが展開されている。

　MASでは2015年7月、Fintechに関する専門組織であるFintech & Innovation Group（FTIG）を設立した。同組織は、金融領域におけるテクノロジーの活用を推進し、ひいてはFintech領域におけるシンガポールの競争力強化につながることを目指し、Fintech領域においてスタートアップがその能力を最大限に発揮できるような適切な規制のあり方について検討を行っている。同部門のトップにはCitibankにおいて12年にわたり、テクノロジーやイノベーション部門に在籍した担当者が就任していることも注目に値する。FTIGは、Payments & Technology、Technology & Infrastructure、Technology Innovation Labの3部門で構成され、それぞれ、決済とその関連テクノロジーに関する規制動向、ビッグデータやクラウドサービスなど金融サービスに適用する基礎的な技術とその規制動向、金融サービス向けの最先端テクノロジー活用に向けたサポートといったミッションを持っている。FTIGでは、規制動向に関する調整に加えて、金融サービスにおけるテクノロジー活用に焦点を当てているのが特徴となっている。

　こうしたテクノロジー重視の姿勢は、MASのトップによる発言からも見て取れる。MASのManaging Directorを務めるラビ・メノンは、2015年6月にシンガポールにおいて開催されたTechnology Law Conferenceと呼ばれるテクノロジー関連法を中心としたカンファレンスにおいて、シンガポールにおけるFintech推進の取組みについて講演した[5]。同氏は講演の冒頭において、「The Geek Shall Inherit the Earth」（オタクが社会を受け継ぐだろう）という数年前にシリコンバレーにおいて有名となったフレーズを引用し、シンガポール政府として金融サービスにおけるテクノロジーの活用を今後促進していくことを表明した。同講演では、金融サービスを取り巻くテクノロジーの

動向について述べられた後、それらテクノロジーの活用をMASとしてどのように サポートしていくのか、その規制のあり方に対する考えが述べられている。

　ここで明らかとなったのが、"Smart Regulation" と呼ばれる概念であり、金融機関が新たなサービスを実施するにあたり、自社においてしっかりとデューディリジェンスが行われていることが証明された場合、MASの承認を必要とせずに新たなサービスを実施することを許可するとしている。また、新たな金融サービスがどのような影響を社会に与えるか判然としない場合、"Sandbox" と呼ばれる制限された環境下においてサービスのトライアルを行うことを定めている。さらに新たな環境下における金融規制やガイダンスについては、MASと金融機関が密接に連携し、ある種共同作業のような形式で新たな取決めをつくりあげることを目指す。

　このようにシンガポールでは、金融サービスにおけるテクノロジー活用の推進を助けるため、Smart Regulationと呼ばれる法規制に対する新たな考え方を適用し、テクノロジーがもたらす金融サービスのイノベーションを阻害しないことを意識している。さらにこうした取組みを支える枠組みとして、Financial Sector Technology & Innovationと呼ばれる、金融機関がシンガポールにおいてイノベーションに関する取組みを行うことを促進するうえで必要な財政サポートを行う枠組みを構築している。同枠組みにより、DBS、Citibank、Credit Suisse、Metlife、UBSといったグローバルな大手金融機関が同地にイノベーションや最新テクノロジーに関する研究所を設立している。また、ブロックチェーンに関する研究プロジェクトにも同スキームによる財政的なサポートが適用されており、国を挙げたテクノロジー振興策として注目に値する。

---

5　シンガポール金融管理局「"A Smart Financial Centre" - Keynote Address by Mr Ravi Menon, Managing Director, Monetary Authority of Singapore, at Global Technology Law Conference 2015 on 29 Jun 2015」（2015年6月29日）http://www.mas. gov.sg/news-and-publications/speeches-and-monetary-policy-statements/ speeches/2015/a-smart-financial-centre.aspx

## ❹ アジアのFintechセンターを目指す韓国

　このほか、Fintechを推進するアジアの国々として、韓国も同様に政府が中心となってFintechを積極的に推進しようとする動きがある。韓国金融委員会（FSC）は2014年12月、Fintechに関する取組みをホワイトペーパーとして対外的に発表した。同ペーパーでは、政府としてFintechサービスの開発・促進に努めることを正式に発表し、そのための障害となる旧来の規制について、その見直しを積極的に図ることを表明している（図表4－2）。また、海外Fintech企業の積極的な誘致を進めることも表明した。韓国は、かねてよりデジタル社会に対応した新たな金融サービスを国と民間が協力して積極的に導入しようとの機運がある。たとえば、韓国では、スマートフォン

■図表4－2　韓国金融委員会が発表した政策アジェンダ

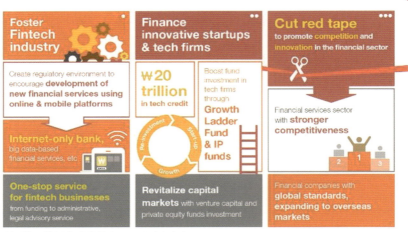

（出所）　韓国金融委員会Webサイトより

が登場し始めた2011年頃よりスマートフォン向けのモバイルバンキングアプリが提供されており、かつては、Samsungが提供するスマートフォンGalaxyに、韓国の大手金融機関Hana Bankのモバイルバンキングアプリがプリインストールされて提供されていた。また、このほか、ATMを活用したP2P型の送金サービスが世界に先駆けて導入されるなど当局との密接なコミュニケーションにより新たな金融サービスが次々と生み出されてきた土壌がある。

## ❺ Fintech推進競争を進める世界各国

　Fintechを積極的に推進する各国は、いずれも、現時点において金融センターに位置づけられる。Fintech推進の背景には、Fintechの興隆により、金融センターとしての国際的な存在感が低下するのではないかという危機感があると推測される。このような環境整備によって、自国市場にFintechスタートアップが参入し、多くのチャレンジがなされることで、果たして革新的な金融サービス、イノベーションが生まれることが期待されている。自国で革新的な金融サービスが持続的に創出されることは、とりもなおさず、自国の金融市場としての競争力の維持・向上にもつながる。翻ってわが国においても多くのFintechスタートアップが誕生し、金融機関を中心とした既存企業とともに多くのチャレンジがなされることで金融サービスにおいて多くのイノベーションが生み出されるような環境整備が求められている。

第 5 章

# 日本におけるFintechの現状

これまでみてきたように海外においては、多くのFintechスタートアップが誕生し、金融機関のビジネス領域を浸蝕する一方で、金融機関のビジネスをサポートし、金融業界におけるビジネスの革新の促進要因となっている。また、海外の金融機関ではこうした動向に強い危機感を有しており、オープンイノベーションの考え方を取り入れ、さまざまな手法を駆使してFintechの持つイノベーションの推進力を自社内に取り込もうとしている。また、関係省庁などの公的機関もFintechに対して法的な枠組みを確立するとともに、積極的に政策的なサポートを行い、Fintechのエコシステムの活性化に寄与している。こうした海外でのFintechを取り巻くさまざまな状況は、日本においても同様な点もあれば、日本独自の動きもみられる。本章では、日本におけるFintechの状況について、スタートアップの動向、金融機関の対応、そして関係省庁における取組みという三つの側面からみていきたい。これに加えて、海外において既存金融機関を脅かすまでに盛り上がりをみせるFintechスタートアップによる新たなサービスは、日本国内においてはどの程度受容されている、あるいは受容されうるのだろうか。筆者らが所属する富士通総研では、Fintechを含む日本の金融サービスに対する利用者の動向を把握する事を目的に、毎年アンケート調査を実施している。日本国内の状況整理とあわせて、Fintechサービスが日本において現状どの程度受容されうるものかについてもあわせてみていきたい。

# ❶ 日本におけるFintechスタートアップの現状

　日本国内におけるFintechスタートアップについて、他国と同様その正式な企業数を把握することはむずかしいが、米国や欧州のFintechの一大拠点である英国などと比べるとその企業数に大きな差があると推測される。しかしながら、日本のFintechスタートアップが提供するサービスのラインナップは、Fintechの"本場"である米国のものと遜色ないくらいに広がりをみせている。特に、昨今では、米国で紹介された新たな領域のサービスについて１年も経たないうちに日本で同様のサービスを展開しようとするスタートアップが現れ、なかには米国でもみられないような野心的なサービスを企画する例もみられる。たとえば、Squareが切り開いたモバイルPOSサービスについては、日本においても翌年、同様のサービスを展開するスタートアップが誕生するなどその導入スピードが速まっている。近年では、米国で普及が進むロボアドバイザーや仮想通貨などの分野において話題となるサービスをいち早く手がけるスタートアップが相次いでいる。

　また、国内のFintechスタートアップについて特筆すべき点として、スタートアップの多くが、当初からグローバルでの展開を志向していることがあげられる。創業者が海外でのビジネス経験を有していたり、日本人以外の技術者などで構成されるチームを持っていたりするなど、国内にありながら「多国籍」なスタートアップも少なくない。これらのスタートアップ企業においては、開発しているサービスについてそのソースコードが英語で書かれていたり、当初から英語でのサービス提供を行っていたりするなど初期段階から海外を意識したサービス提供を行っているのが特徴である。加えて、前章でも言及したように、スタートアップの一部は、ルクセンブルクで開催されたICT Springや世界各地で行われるスタートアップイベントのStartupbootcampなど、海外でのピッチコンテストやカンファレンスへの登壇・出展にも積極的である。近い将来、日本発のグローバルに活用される

Fintechサービスが誕生することが期待される。

　日本におけるFintechの潮流において興味深い動きとして、Fintechスタートアップ同士のつながりが発展し、業界団体を設立したということがあげられる。2015年９月に設立された「FinTech協会」は、日本のFintechスタートアップ企業およびこれを支えるFintechエコシステムを成長させ、日本においてもFintechスタートアップによるイノベーションを起こせる環境を整えることを目的に設立された。FinTech協会は、Fintechスタートアップを中心とした「ベンチャー会員」と、Fintech事業を展開する企業である「法人会員」、そしてFintechに興味を持つ「個人会員」で構成されており、2016年１月現在、ベンチャー会員には33のFintechスタートアップ、法人会員には44の企業が参加する。同協会では、日本のFintechにおける現状についてスタートアップの立場から発信していくことを目的に、国会議員との勉強会や金融庁、経済産業省、総務省といった関係省庁との意見交換を積極的に実施している。また、コンプライアンスやセキュリティなど新たな金融サービスを始めるにあたって必ず争点となるポイントについても、会員間で分科会を通じて積極的な意見交換を行い、Fintechスタートアップ側からの積極的な意見の発信を目指している。FinTech協会には、競合となる企業も数多く入会していることがあげられる。米国と比べ、その数や規模ではまだまだ黎明期にある日本のFintechスタートアップにとって、まずはそのビジネスを競うのではなく、お互いが協力できることは協力して日本のFintechシーンを盛り上げ、市場機会を拡大していきたいとの機運がうかがえるものである。

## ❷ Fintechをめぐる本邦金融機関の動向

　一方、国内金融機関においても、2015年に入ってから積極的にFintechへの取組みを行うようになり、その潮目は変わりつつある。海外の先進金融機関におけるFintechへの取組みと同様に、各金融機関がさまざまな取組みを矢継ぎ早に推進し、積極的なキャッチアップを行っている。たとえば、海外の先進金融機関で多くみられるインキュベーションプログラムに似た取組みについては、三菱東京UFJ銀行が2015年3月より始めた「三菱東京UFJ銀行Fintech Challenge 2015」を皮切りにメガバンク3行が積極的に推進している。また、地方銀行にもこうした動きは浸透し、ふくおかフィナンシャルグループでは、2015年9月より「X-Tech Innovation 2015」と呼ばれるコンテストを開催しており、Fintechに留まらず、地元九州のスタートアップ企業の発掘も兼ねるなど地域とのつながりを重視している。

　このほか、Fintechスタートアップや外部の団体とのつながりを強める動きにも注目したい。日本におけるFintechスタートアップのパイオニアともいうべきマネーフォワードでは、多くの金融機関と提携し、そのサービス提供を行っている。メガバンクのみずほ銀行、ネット専業銀行の住信SBIネット銀行、地方銀行の静岡銀行など多くの金融機関との提携によりサービスの利用拡大を目指している。また、メガバンクの一角を占める三井住友銀行では、2015年8月より米国西海岸のインキュベーションオフィスであるPlug and Play Tech Centerとの提携を発表した。同センターは、スタートアップ企業に開発拠点を与え、同スペースにスポンサーとして入居する大企業などから開発にあたってのアドバイスを受けることができるなど、創業間もないスタートアップ企業を育成することが目的の施設であり、過去にGoogleやPayPalが入居していたことでも有名である。

　また、日本の金融機関においてもFintech専用のベンチャーキャピタルを設立し、本格的に投資を行う事例も増加している。大手クレジットカード会

社であるクレディセゾンは2015年7月にセゾン・ベンチャーズを設立し、Fintechやカード事業に関連の深いスタートアップの出資を積極的に図ることを表明している。クレディセゾンは従前よりFintechサービスの活用に積極的であることで知られ、前述のマネーフォワードとの提携や日本初のCLOサービスを手がけるカンム、日本のモバイルPOS事業者Coiney、そしてニューヨーク発のオルタナティブレンディング事業者Bizfiと提携するなどこれまで積極的にFintechスタートアップのサービスを活用してきた。そして、2015年11月にはネットサービス大手の楽天が100億円規模のFintechファンドを組成すると発表した。楽天自身これまで傘下の楽天銀行や楽天カードにおいてFintechに関連したサービスを発表しており、今後の動向が注目される。

　最後に金融機関内のイノベーション推進組織の形成についても触れておきたい。自社内での組織形成についても、多くの本邦金融機関が海外金融機関同様に、専任のイノベーション推進組織、Fintech支援組織を形成して対応しようとしている。メガバンクの場合、なんらかのイノベーション推進組織を形成するとともにその人員をシリコンバレーに派遣し、積極的に情報収集に努めている。また、カード会社、証券会社にもこうした動きが波及している。また、地方銀行においても千葉銀行などがFintech事業推進のための部門を設立するなど、こうした動きは徐々にではあるが、多くの金融機関に浸透している。

　Fintechへの本邦金融機関の対応は急ピッチで進んでおり、現在では海外金融機関と遜色ない水準に近づきつつある感がある。今後はこのような体制を活かしてイノベーティブなサービスを事業化し、利用者にまで還元することが強く期待される。

## ❸ Fintech推進に向けて積極的な姿勢をみせる関係省庁

　このように、国内においてもFintechスタートアップ、そして金融機関双方がFintech推進に向けた取組みを活性化するなかで国内の関係省庁もこうした流れを後押ししようと積極的に動き出しつつある。以下では、Fintechへの取組みについて、その所管部門である金融庁ならびに経済産業省の動きを中心にみていきたい。

　金融庁においてFintechというキーワードが登場したのは、2014年10月から2015年3月まで開催された「決済業務等の高度化に関するスタディ・グループ」であった。同スタディ・グループは諸外国において高まりをみせる決済サービスの高度化を意識し、決済および関連する金融業務のあり方や基盤整備のあり方についての検討を行うことを目的としたものであったが、当初からグローバルな動向として決済系スタートアップの紹介にも多くの時間を割かれており、リテール決済を中心に新たな事業者がグローバルにその存在感を増していることが紹介された。その後、中間点に当たる2014年12月の第8回において、ICTの発展に伴いリテール決済分野を中心にPayPalといったスタートアップが革新的なサービスを次々と誕生させていること、また、これら新興サービスがグローバルに飛躍的に利便性を向上させていることに対する危機感が表明され、「わが国においても、サービスの革新を加速しなければ、利便性向上に遅れ、世界的な決済イノベーションの競争からも取り残されるおそれがある」と指摘し、現行制度のもとでは、国内金融機関がこうした動きに対応できない点、特に、「規制の強化等は、利用者保護につながる面もあるものの、過剰な規制は新しいサービスの登場・発展を阻害する面もある」ことを問題視した[1]。さらに、2015年に入ってからは、諸外国に

---

1　金融庁「金融審議会「決済業務等の高度化に関するスタディ・グループ」（第8回）」（2014年12月16日）討議資料http://www.fsa.go.jp/singi/singi_kinyu/kessai_sg/siryou/20141216/03.pdf

おける金融サービスをめぐる法規制のあり方や金融機関に対する業務範囲規制に関しても議論が行われた。

　こうしたスタディ・グループでの議論を受け、2015年3月に開催された金融審議会総会では、今後、「銀行本業とのシナジーが期待できる分野において柔軟な業務展開を可能とする」ことを目的とし、金融グループ規制をめぐるあり方についての更なる検討を行うワーキング・グループの設置を正式に決定する[2]。これにより、金融グループのあり方をめぐる国内での議論については、2015年4月より新たに設置された「金融グループを巡る制度のあり方に関するワーキング・グループ」（以下、グループ規制WG）で議論され、決済サービスの高度化については、2015年7月より設けられた「決済業務等の高度化に関するワーキング・グループ」（以下、決済高度化WG）で議論されることとなった。両ワーキング・グループは、2015年12月までに複数回の検討が行われ、それぞれが報告書を取りまとめるに至った。両報告書においては、「金融・IT融合（ FinTechの登場）によるイノベーション」（決済業務等の高度化に関するワーキング・グループ）[3]、「ITイノベーションの急速な進展」（金融グループを巡る制度のあり方に関するワーキング・グループ）と[4]、それぞれFintechの登場により金融においてイノベーションが起こるなか、既存の金融機関がどう対応していくべきかについて論じられている。グループ規制WGの報告で特に注目されたのが、金融関連IT企業への出資規制緩和である。現行の銀行法では金融機関がグループ内で行える業務が規定されており、一般事業会社へ出資する場合、その出資率について銀行は5％、銀行持

---

2　金融庁「第34回金融審議会総会・第22回金融分科会合同会合議事次第」（平成27年3月3日）事務局説明資料（金融グループ関連）http://www.fsa.go.jp/singi/singi_kinyu/soukai/siryou/20150303/03_1.pdf

3　金融庁「金融審議会「金融グループを巡る制度のあり方に関するワーキング・グループ」報告の公表について」（2015年12月22日）http://www.fsa.go.jp/singi/singi_kinyu/tosin/20151222-1.html

4　金融庁「金融審議会「決済業務等の高度化に関するワーキング・グループ」報告の公表について」（2015年12月22日）http://www.fsa.go.jp/singi/singi_kinyu/tosin/20151222-2.html

ち株会社は15％までと規制されているが、これを金融関連IT企業については、金融庁による個別認可のもと、0〜100％まで出資することが可能となる。また、決済高度化WGの報告では、「携帯電話番号を利用した送金サービスの提供の検討」や「ブロックチェーン技術を含む新たな金融技術の活用可能性」、「オープン API のあり方」の検討と昨今の決済をめぐる具体的な動向について踏み込んで言及されており、特に、ブロックチェーン、オープンAPIについては、作業部会が2016年度にも設置される見込みとなっている[5]。

　また、こうした金融庁におけるFintechに関する一連の取組成果が反映され、2015年9月に金融庁が策定した「平成27事務年度金融行政方針」では、「IT技術の進展による金融業・市場の変革への戦略的な対応」として「FinTechへの対応」について言及されることとなった。同方針では、海外におけるFintechを活用した動きをとらえ、また、それにより金融業務が個々の業務・サービスごとに分散して提供される「アンバンドリング化」にまで踏み込んで言及された。また、本邦金融機関ではこうしたFintechによりもたらされるノンバンク・プレイヤーとの連携・協業等が欧米諸国より遅れており、今後の多様化していく個人・企業の金融ニーズに対応し、金融業・市場の発展と顧客利便性の向上につなげるために金融庁としてもFintechといった動向を積極的にとらえ、対応していくことを表明したのである。さらに、平成28年の通常国会において審議される予定となっている銀行法改正法案では、上記WGにて議論されたFintech関連の改正案が盛り込まれる予定であり、日本国内においてもFintech推進に向けた法制面での基盤整備が進むこととなる。

　これまで金融庁など金融行政を担ってきた当局では、顧客保護の立場からこうした新たなサービスに対しては慎重な立場をとることが多い傾向にあっ

---

5　金融庁「金融審議会「決済業務等の高度化に関するワーキング・グループ」報告の公表について」（2015年12月22日）http://www.fsa.go.jp/singi/singi_kinyu/tosin/20151222-2.html

たが、このように踏み込んだ方針表明を行ったことは注目すべきであろう。Fintechへの対応では、当然のことながら顧客保護との両立についても言及されているが、ここまで積極的な姿勢を表明したことは、今後の国内におけるFintechの発展にとって追い風になるものと考える。本邦金融機関においても、規模の大小にかかわらず、今後はFintechスタートアップなどのサービスを活用した、利用者にとってより利便性の高いサービスの提供が求められていくことになるだろう。

　続いて、経済産業省におけるFintech検討についても言及しておきたい。経済産業省では、2016年3月現在、「産業・金融・ITに関する研究会（FinTech研究会）」と題した研究会を開催しており、毎回、金融機関、Fintechスタートアップをはじめとして多くの関係者を招聘してFintechについてのディスカッションを実施している。同研究会では、Fintechと呼ばれる新たな技術活用の潮流が日本において新たな産業を生み出し、果ては産業金融のあり方や資金の流れを大きく変えていく可能性について議論することを目的として実施されている。また、研究会の参加者は各回で異なり、省庁が主催するこのような研究会・審議会では珍しい形式をとっていることでも注目される。2015年10月以降、月2回程度のペースで研究会が開催されており、これまでテーマとされてきたものはFintechの一般的な動向からそれが既存の情報システムへ及ぼす影響、そしてブロックチェーンが既存の金融システムにもたらす影響など多岐に渡る。経済産業省によるアプローチでは、金融庁による金融機関への影響を論じるアプローチとは異なる側面からFintechの潮流をとらえ、かつそれがどのように日本に産業として根づくかを論じるものである。

　このように、日本国内では、金融庁、経済産業省を中心にFintechへの対応に向けた議論が進む。こうした政府の動きでは、英国やシンガポールなどの先進的な取組みが目につきやすく、日本の議論は遅れているのではとの論調も見受けられる。しかしながら、これまでのアプローチとは異なり、Fintechというものの本質をとらえ、それを活かそうとする意図が両省庁の

取組みからは感じ取れるものであり、今後の進展に期待したい。また、こうした省庁での動きとは別に、全国銀行協会といった業界団体においても独自にFintechに関する調査が進んでいる。加えて、東京都では現在、国際金融センター構想と呼ばれる、金融サービスの国際的な競争力向上に向けた議論が行われている。同構想では、来る2020年に開催される東京オリンピックを見据え、金融サービスの高度化に向けた諸検討が進む。今後の金融サービスの高度化においては、金融機関だけを見据えて議論を進めるのは不十分である。これは、英国、ルクセンブルク、そしてシンガポールといった国際的な金融ハブとして機能する国々がこぞってFintechへの取組みを加速させていることからも明らかである。2020年に東京が国際的な金融都市として機能するためには、Fintechの潮流をとらえ、多くのFintechスタートアップが関与するかたちでの検討が切に求められている。

# ❹ 日本国内におけるFintechサービスの受容度

　ここまで、日本国内におけるFintechのトレンドをFintechスタートアップ、金融機関、関係省庁のそれぞれ立場から述べたが、今後、Fintechの流れが日本国内で定着していくためには、何よりも利用者からの高い支持を得る事が必要であることはいうまでもない。すでに第1章で述べたように欧米諸国において、Fintechスタートアップのサービスがこれほどまでに広がりをみせた背景には、若年層を中心とした利用者がスタートアップの提供する新たなサービスを、伝統的な金融機関のサービスよりもより良いものとして受容したことがあげられる。欧米諸国では、ミレニアル世代と呼ばれる若年世代が人口のボリュームゾーンを占め、これからの市場機会として無視できない影響力を有している。翻ってわが国の人口動態をみるに、人口減少時代を迎え少子高齢化に歯止めがかからない現状は、Fintechが先行して受容されている欧米諸国の社会構造とは大きく異なる。このような環境の違いを超えて、日本国内において、Fintechサービスがどれほどの受容度があるかは冷静に評価すべきである。以下では、筆者らが実施した利用者向けアンケートの調査結果に基づいて、Fintechサービスの現状の受容度ならびに今後の利用拡大に向けた施策について考察していきたい。

　まず、今回、筆者らが実施したアンケートの前提について説明したい。アンケート調査は、インターネットを用いて2015年8月に実施しており、調査対象は個人の利用者1722名、事業を営むビジネスオーナー412名（職業に関する項目で企業経営者・役員、個人事業主、自由業を選択した個人が対象）から回答を得た。うち、個人の利用者については、18〜70歳代までの男女から回答を得ており、年齢を10〜70代以上まで10歳刻みで7階層、居住地を関東地方、関西地方など一般的な8地方、性別で区分し、各区分が日本の縮図となるように割合を調整して回答を集めている。本調査においては、日本におけるFintechサービスの普及状況、Fintechサービスが価値を発揮できる利用

136

シーン、利用ニーズの有無、ならびにFintechサービスが国内で普及するうえで促進要因や阻害要因について調査を実施している。

実際の質問項目にあたっては、PFM、P2P送金といった「専門用語」では、多くの一般の利用者には理解できないおそれがあるため、それぞれ「支出や貯金を管理する」「個人間でお金のやりとりを行う」「資産運用において外部のアドバイスを受け投資の判断を行う」「まとまったお金を調達する」「海外の友人、知人にお金を送金する」「（事業者における）お客さまからの支払いの受入れを行う」「会社における日常の経費の管理を行う」といった形式で日常や事業においてお金のやりとりが発生する状況を想起して回答してもらうことを意識している。本調査は、インターネット調査であるため、ICTのリテラシーが高い層に回答者が偏っているおそれがあり、これに伴いFintechサービスの受容度合いについても現実よりも高く評価される可能性がある。以下では、こうした点に留意しつつもアンケート調査の結果より、日本国内におけるFintechサービスの受容度ならびにサービス拡大を促進する要因を考えていきたい。

## ❺ 日本におけるFintechサービスの普及状況

　図表5－1から5－3は、日本におけるFintechサービスの普及状況を比較した結果である。各図の赤い部分がFintechに相当するサービス利用者の割合を示しているが、調査時点においてはその割合は総じて低く、いずれのサービスもまだ普及途上であることがわかる。最もFintechサービスが普及している、「家計や貯蓄の管理」といったシーンであっても使用している利用者の割合は6.5％にすぎない。また、海外送金については、Fintechサービスを利用する利用者の割合が、調査を行った項目のなかで最も低く0.8％という結果であった。こうした結果から日本国内におけるFintechサービスの普及は道半ばといった印象を受ける[6]。以下、調査の詳細について確認することで、日本においてFintechサービスの普及が道半ばとなっている背景が浮かび上がってくる。

　背景の一つとしてあげられるのが、Fintechサービスを利用する以前に金融ニーズが発生する利用シーンが限定的であり、多くの一般的な利用者にとってはなじみの薄い状況にあることである。たとえば、最もFintechサービスが普及していない利用シーンである海外送金サービスの普及状況については、実に、93.1％の人が「海外に送金することはない」と答えている。次にFintechサービスが普及していない利用シーンである資産運用サービスについても65.9％が「資産運用は行っていない」と回答している。これらの結果から浮かび上がってくるのは、Fintechサービス以前に金融サービスの利用シーンになじみが薄いという状況である。海外送金についてはもとよりその利用シーンが限定的であるが、今後のグローバル化や高度外国人材の受入

---

6　2016年1月にErnst & Youngが公表したFintechサービスに関する調査結果では、米国では14.3％の人がFintechサービスを利用しているとの調査結果が出ている（EY FinTech Adoption Index（2016年2月7日閲覧）http://www.ey.com/GL/en/Industries/Financial-Services/ey-fintech-adoption-index）。

■図表5-1　わが国におけるFintechサービスの普及状況

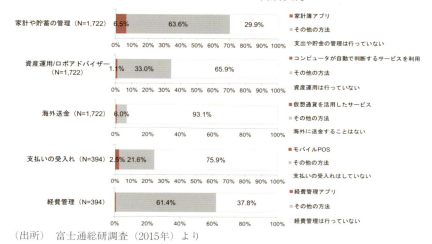

（出所）　富士通総研調査（2015年）より

■図表5-2　わが国におけるFintechサービスの普及状況
　　　　　（個人間のお金のやりとり）

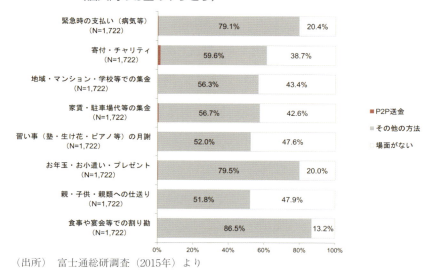

（出所）　富士通総研調査（2015年）より

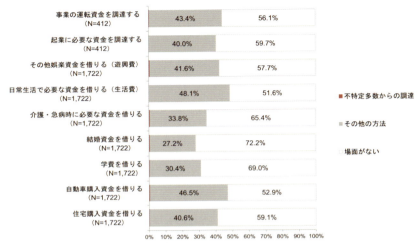

■図表５－３　わが国におけるFintechサービスの普及状況（資金調達）

（出所）　富士通総研調査（2015年）より

れ、人的交流の状況によっては利用層が広がることも考えられる。資産運用サービスについては、近年ではNISAの開始などで注目が集まっているにもかかわらず、なかなか普及が進まない状況にある。個人において資産運用を行うことの重要性など、ある種の金融教育を織り交ぜながら全体的なニーズの底上げを行うことが求められている。また、習慣という観点から利用シーンをみた場合、利用シーン自体が一般的である場合、すでに現状の方法で十分に満足して（あるいは一般的にそのようなものだと思い込んで）おり、利便性の高いサービスに移行する動機が小さい状況も考えられる。たとえば、家計管理サービスでは、通帳の取引履歴の記録で家計管理サービスに代替すると答えた利用者は27％にのぼり、法人向けの会計・経費管理サービスにおいては、表計算ソフトを利用して管理を行うと答えた法人担当者は、20.4％にのぼる。いずれも利用者にとってはなじみ深い金融サービスの利用シーンであるが、この場合、従来の方法で満足しており、それ以外の方法へと乗り換

える要因が働きづらい。Fintechサービスとしては、こうした従来の方法を上回る利便性や価値を訴求し、新しい習慣をつくるに足りる魅力・気づきを感じてもらえるかが課題となる。

続いて考えられる背景として、いくら現状よりも便利なサービスであったとしてもサービスの乗り換えにあたって、新たなコストが発生するなどの負担が生じる場合にその利用を躊躇してしまうことがあげられる。加えて、新しいサービス利用にあたってその習得に時間がかかることなども影響していると考えられる。最もFintechサービスの利用が進む家計管理サービスでは、Fintechサービスを利用している人々のうち、52.7％が「手軽であり、続けやすい」ことを選択理由としてあげており、以下、「お金がかからない」（49.1％）、「操作が簡単」（48.2％）と続く。つまり、既存の方法と比較しても手軽にサービスを始められることが重要であり、特に無料であるといった導入コストが低いことは、興味がある人々をサービスに呼び込むうえで訴求しやすい要素であるといえよう。そして、単にコスト面で訴えるばかりではなく、操作性といったサービスの基本部分においてうまく利用者からの支持を集めることが重要であると考える。

最後に考えられるのは、提供元の企業を知らない、もしくはサービスになじみがないといった理由から安心感や信頼感が薄いといった要因である。アンケートでは、Fintechサービスの利用をためらう理由についても調査を行っている。この際、最もどの項目においても1番目、2番目に多く寄せられた回答が「セキュリティに不安がある」、「（口座などの）情報が流出するおそれがある」といった回答であった。家計管理サービスでは20.4％、資産運用サービスでは15.9％、経費管理サービスでは11.2％といずれの分野においてもセキュリティ面に対する不安がためらう理由として寄せられている。執筆時現在、国内Fintechサービスにおいて、大規模な顧客情報流出事件などは発生していないが、伝統的な金融機関と比較してFintechが提供するサービスに対して一般の人々が漠然とした不安な感情を抱くのは仕方がない側面もある。日本国内では、2015年に個人・法人問わずインターネットバンキン

グからの不正送金被害が続発するなど、インターネット上での金融サービスに対しては、よりいっそうの対応策が求められている。Fintechスタートアップにおいては、継続的なサービス提供時、特にセキュリティの担保に重点を置くことで、その信頼感を高めていくほか、金融機関との提携を通じてITリテラシーの高くない利用者にとってもわかりやすい安心感を提供するなどの工夫が求められている。

## ❻ Fintechサービスの日本での普及に向けて

　日本国内において、Fintechサービスが今後さらに普及していくために
は、金融サービスそのものに対する認知度を向上させることにより潜在的な
ニーズを高め、低コストで使いやすいサービスを提供することで利用者の抵
抗感を薄くし、そして、セキュリティや情報管理に対しては重点的に対策を
とることで安心・安全に対する信頼感を勝ち取っていくことが重要である。
この時、Fintechスタートアップによる自主的な取組みばかりでなく、関係
省庁や金融機関による支援が重要となってくるのは間違いない。幸いにし
て、日本国内におけるFintechを取り巻くこれら関係者の対応は好意的なも
のが多く、Fintechのエコシステムを根づかせることで日本においても利便
性の高いサービスを生み出そうとの機運に満ちているといえる。Fintechス
タートアップ、関係省庁、そして金融機関が協力し、新たなFintechサービ
スが日本に定着し、利用者にとってより良いサービス環境が提供されること
を期待したい。

第 5 章　日本におけるFintechの現状　■　143

# 第 6 章

## Fintechの今後

## ❶ Fintechは「バズワード」か？

　いまやFintechという言葉は、経済紙や専門雑誌のみならず一般紙においても幾度となく登場し、Fintechというキーワードをみかけない日はない。こうした状況は、昨今のICTに関するトレンドと多くの共通点があるように思える。たとえば、「クラウドコンピューティング」や「ビッグデータ」、昨今では「IoT」といったICTに関連するキーワードが毎年のように紙面をにぎわせ、そして急速に世間からの関心を失うような現象が起こる。これらのキーワードは、その定義が明確に定まっていないにもかかわらず、急速に普及し広く一般の人々を巻き込み、さまざまな場面で利用される。このようなキーワードは「バズワード（Buzzword）」と呼ばれ、ICTといった変化の速い領域において新たな概念を説明する際にしばしば生み出される。バズワードの多くは、一時的な流行をみせた後、多くの人々の記憶から抜けて落ちてしまうことも多い。Fintechもまさにこうしたバズワードとしてとらえる向きもある。

　ここでは、テクノロジー調査会社Gartnerが提唱するテクノロジートレンドが社会に定着するプロセスを示す「ハイプ・サイクル」に基づいて、今後のFintechの普及について考えたい[1]。ハイプ・サイクルとは、新たなテクノロジーが社会に認知され、定着していくプロセスを5段階のフェーズに位置づけて説明するものであり、このプロセスをそれぞれ、「黎明期」「過度の期待のピーク期」「幻滅期」「啓蒙活動期」「生産の安定期」と表現する。興味深い点として、新たに誕生したテクノロジーの多くは、「過度の期待」を向けられた後に、「幻滅期」と呼ばれる急速に世間の関心を失う揺り戻しの期間を経ることである。

---

1　ハイプ・サイクルの詳細については、Gartner社の以下のサイトを参照のこと。https://www.gartner.co.jp/research/methodologies/research_hype.php

■図表6－1　ハイプ・サイクルとFintech

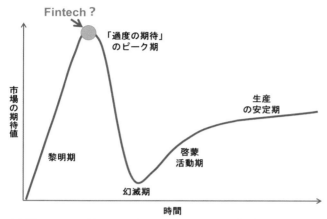

（出所）　Gartner社のハイプ・サイクルに基づき筆者作成

　ハイプ・サイクルは本来、要素技術についての動向を説明するものであり、Fintechといったトレンドそのものを予測するものではないが、仮にFintechをハイプ・サイクルで分析した場合、2015年はまさに「過度の期待のピーク期」の段階にあったといえよう。つまり、内実についてはよくわからないところが多いものの、多くの人々がFintechという技術トレンドに対して興味を有し、なんらかの期待を抱いている段階ではなかろうか。とすれば、Fintechもまた、ほかのテクノロジーが定着に向けた段階で経験した「幻滅期」と呼ばれる冬の時代を経験していくおそれもある（図表6－1）。

## ❷ Fintechが「冬の時代」を迎える？

　事実、一部ではFintechに対する期待が今後、幻滅に変わっていくのではないかとの見方もすでに出ており、これを裏づける兆候も出始めている。たとえば、ジャック・ドーシー率いるSquareが2015年11月に上場したことは記憶に新しいが、その際の公募売出し価格の低さが話題となった。Squareの公募売出し価格は9ドルに設定され、これは、同社がIPO直前に行った私募債の売出し価格である15.46ドルを大幅に下回っていた。Squareの市場価値はIPO直前には、約60億ドルであるとされていたが、IPOによる資金調達額は約30億ドルであり、市場価値が半減してしまったこととなる[2]。

　このようにSquareの市場価値が半減してしまった背景には、ベンチャーキャピタルによる有望なスタートアップへの投資が過熱していたことも影響している。ベンチャー投資界隈では、上場前にその企業価値が10億ドルを超えたスタートアップのことをユニコーン企業と呼ぶ。上場前にもかかわらず評価額が10億ドルを超えるような将来有望なスタートアップの希少性を、伝説上の生き物であるユニコーンに見立てているのである。しかしながら、いまやベンチャー投資の世界ではユニコーンは伝説ではなくなりつつある。企業価値が10億ドルを超えるスタートアップは2016年2月現在、141社を数える[3]。Fintechスタートアップにおいてもユニコーンが続々と誕生しており、Squareのほかにも中小企業向けのオンライン融資を行うKabbage、学生ローンの借換えをオンラインで行うSoFiなどが2015年にユニコーンの仲間入りを果たしたことで注目を集めた。

　しかし、こうしたベンチャー投資の過熱がここにきて収束に向かいつつあ

---

2　UNITED STATES SECURITIES AND EXCHANGE COMMISSION「FORM S-1. REGISTRATION STATEMENT SQUARE,INC.」（2016年2月7日参照）https://www.sec.gov/Archives/edgar/data/1512673/000119312515343733/d937622ds1.htm
3　日本経済新聞「業界覆す「ユニコーン」の波　日本は乗れるか」（2015年11月30日）。

148

る。2016年1月に全米ベンチャーキャピタル協会（NVCA）とプロフェッショナルサービス会社PricewaterhouseCoopersが共同で調査を行った米国のベンチャー投資動によると、2015年10月－12月期（4Q）の投資総額が前期の3Q（7月－9月）に比べて、16％以上もの減少を記録している[4]。背景には、Squareをはじめとするユニコーン企業の実際の市場からの評価額がベンチャーキャピタルによる評価額よりも低いことがあげられ、今後の景気動向のいかんによっては、さらに減速していくことも考えられる。Fintechスタートアップもこうしたトレンドと無関係ではいられない。事実、Fintechスタートアップのなかにはサービスに対する評価に比べて、その事業性が追いついてないものも見受けられる。前述のSquareの場合、IPO前に発表した業績では、実に5,390万ドルもの赤字を計上していることが判明しており、今後、Fintechスタートアップがビジネスとして軌道に乗るのかについても厳しい眼が向けられることが予想される。

---

4　PricewaterhouseCoopers, National Venture Capital Association「MoneyTree Report Q4 2015/full year 2015 summary」（2016年1月）https://www.pwcmoneytree.com/Reports/FullArchive/National_2015-4.pdf

## ❸ Fintechがもたらす価値とは？

　Fintech自体、今後は単なるブームの一環として終わり、ある種の「バブル」として消費されてしまうのであろうか？　事実、Fintechという言葉が人口に膾炙されるにつれて、こうした声も聞かれるようになっている。

　しかしながら、金融機能の本質が情報の「生産」と「流通」にあることを考えると、ICTすなわち情報通信技術の急速な進展が牽引する Fintechというトレンドは、一過性ではない意味を有しうる。ICTの進展により、その価値提供は業務効率化やコスト削減から付加価値向上や関係性の構築にまで拡大している。このことは、金融サービスのより多くの領域において、ICTを活用して、従来の金融サービスの非効率性を解消したり、付加化価値を向上させたりする画期的な金融サービスの登場に寄与している。

　このような現象は、情報をそのビジネスの本質とする金融業界において顕著であるが、その実、金融業界以外にも広くその例をみることができるものであることが理解できる。たとえば、昨今の音楽業界などその最たる例であろう。1999年、当時19歳であったショーン・パーカーという青年が友人らと、それまでの音楽業界のビジネスモデルを根底から覆すサービスNapsterを開発した。このサービスは、ネット上で自分たちが所有する音楽ファイルを交換するサービスであり、それまで、身近な友人同士でしかできなかった音楽の貸し借りをグローバルなネットワーク上に展開したのである。Napsterが音楽業界にもたらした衝撃は計り知れないものがある。それまで、音楽はCDやレコードという物理的な媒体を通じて提供されていたが、こうした境界がなくなり、音楽は電子データとして流通することとなった。これにより、いまや音楽CDを買う人々は減少し、多くはiTunesやGoogle Playなどの配信ストアを通じて、好きな楽曲をダウンロードして手に入れるように変化している。さらに、ネットにつないでいれば聞き放題となる音楽配信サービスの利用も一般化しつつある。このようなビジネスの変化に伴

い、レコード会社やミュージシャンの収益構造は大きく変化し、これまで
CD販売による収益が大半であったものが、コンサートなどによる観客動員
が中心となったのである。Napster自体は、音楽業界との衝突やそのサービ
ス自体の違法性などが取り沙汰され、2003年に倒産してしまっている。しか
し、Napsterが音楽業界のビジネスモデルや収益構造を変革したことは間違
いない。

　同様の事例は、Amazonの登場による出版業界、そして直近ではUberの
登場によるタクシー業界などにも当てはまる。つまり、Fintechスタート
アップの登場による既存の金融業界に対する挑戦は、ほかの業界においては
すでに現れている現象ともとらえられ、こうした変革の波が金融業界にも到
来したとも考えられる。Squareが生み出したモバイルPOSサービスは、こ
れまでの信用照会端末価格と決済取扱手数料を引き下げ、クレジットカード
業界のアクワイアリングビジネスを大幅に変革させた。Squareは前述のよ
うにその直近の業績は赤字であり、決して安泰とはいえないが、いまでは多
くの競合他社が同様のサービスを提供している。ビジネスの世界において一
番乗りを果たし、その新たなビジネスを切り開く企業のことをペンギンの習
性になぞらえて、「ファーストペンギン」と呼ぶが、こうしたファーストペ
ンギンであるNapsterやSquareも必ずしもビジネスとしては成功していると
は言いがたい（加えて、Uberについても2016年1月に公表された経営指標では、
2,300万ドルの赤字を計上している）。しかし、こうしたファーストペンギンと
なった企業の挑戦によって、従来の旧態依然とした業界構造が大きく変化
し、利用者に対して低コストで利便性の高いサービスが次々と誕生するに
至っている。その点でその功績は計り知れないものがある。

　このようなビジネス変革は、ICTの高度化がその牽引役になっているだけ
でなく、ミレニアル世代を中心とした新しい世代の持つこれまでとは異なる
価値観に支えられている側面もある。昨今、目にすることが多くなった
「ソーシャルエコノミー」いったキーワードや、第1章で「民主化」という
言葉で表現したことに象徴されるこのような傾向は、これまでの金融機関を

中心とした、ある意味、中央集権的な金融サービス／金融システムを利用者
の目線から再構成し、サービスの需要者を「主役」へと変化させている。

## ❹ Fintechがもたらす金融サービスの「民主化」

　Fintechが金融サービスにもたらす「民主化」は、多くの一般の利用者の生活水準を向上させ、より豊かな生活を送ることへの呼び水となるかもしれない。新たな金融サービスの導入に伴い、その社会的な構造をも変革させた事例として有名なのが、アフリカのケニアにおけるモバイルマネー、M-Pesaである。M-Pesaは2008年にケニアでサービスを開始し、瞬く間に普及を遂げた。現在、ケニア国内では、全人口の約60％が利用するサービスへ成長したとされ、伝統的な銀行利用者よりもM-Pesaの利用者のほうが多い状態にある。M-Pesaの普及に伴い、類似サービスがその周辺諸国にも波及するなど、モバイルマネーサービスの利便性は広く認知され、VisaやMasterCardといったクレジットカード国際ブランドもモバイルマネーサービスを新興国に提供するに至っている。M-Pesaがここまで普及した背景には、携帯電話という国民に広く行き渡った通信インフラを活用して安価な手数料で送金を可能としたことにある。

　M-Pesaの普及は、ケニアの人々、特に農業を中心に生計を立てる低所得層の生活を大きく変革したといわれている。ケニアにおいて農業で生計を立てる人々は、農繁期以外に都市部で手稼ぎ労働を行う必要があり、家族への仕送りに際しては、知人に託すなどきわめて不安定な方法を利用せざるをえなかった。このため、送金したお金が届かずになくなってしまうといった事故が度々発生していた。M-Pesaの登場により、こうした不安定な送金手段が必要なくなり、家族に対して安定的に仕送りが行えるほか、急な家計の危機にあたっても親戚からM-Pesaを通じてお金を借りることで、その生活を支え合うことが可能になったとされているのである[5]。

---

5　松本朋哉「モバイル革命と東アフリカ農村の変貌」アジ研ワールド・トレンドNo.239（2015年9月）。

アフリカ諸国においては、その多くの人々がUnbanked/Underservedと呼ばれる金融サービスを利用できない人々である。しかしながら、モバイル端末といった新たなテクノロジーが普及することにより、こうしたUnbanked/Underservedの状態を改善し、また、金融サービスへのアクセスが可能となることでその生活水準を向上させることが可能となっている。今後は、こうしたモバイル端末を活用した通信インフラの活用に加えて、人工知能に代表される高度なデータ分析技術の活用により、新たな金融サービスが提供され、その生活水準を劇的に向上させることが可能となるかもしれない。たとえば、データ分析技術を資金調達時の審査に活用することで、新興国における融資を中心とした金融商品がさらなる進化を遂げようとしている。これまで、新興国における低所得者層向け融資では、グラミン銀行に代表されるようなマイクロファイナンスサービスが銀行口座を持たない低所得者層向けの有効なサービスとして機能していたが、近年では、このマイクロファイナンスサービスに対し、前述のデータ分析技術を活用しようとする動きが出ている。

　新興国においては、前述のように金融機関に口座を持たず、そのサービスを利用したことがない人々が大半であるため、金融機関に対する信用がない。このため、融資といった金融サービスを受けることができない状態を生み出している。そこで、金融サービスの利用にかわる新たな信用を生み出すことで口座を持たない利用者であっても融資を受けることを可能とするサービスが開発されている。この時に活用されるのがスマートフォンからアクセスされるさまざまなデジタルサービス上の利用履歴である。たとえば、ソーシャルネットワーク上での活動といった利用者の交友関係を分析し、所得が低い人であるにもかかわらず多くの友人に囲まれて生活しているような人であれば、お金を借りたとしても返済時にこれら友人からのサポートが受けられると考えられる。これは、金融機関との取引ではみえてこない新たな「信用」であるといえよう。アフリカ諸国においてマイクロファイナンスサービスを提供してきたKivaの創業者であるマシュー・フラナリーは、こうした

154

スマートフォン上で生み出されるデータとデータ分析技術に着目し、Branch Internationalを新たに起業し、ケニアでサービス提供を始めた。同社のサービスは、クラウドプラットフォーム上で利用できる銀行というコンセプトを持ち、FacebookやM-Pesaの利用履歴を統合して分析を行うことで、利用者の「信用」を新たに生み出し、ローンの提供を行う（図表6－2）。そして、最初は少額のローンを提供し、それを利用者が完済していくうちにその信用が強固なものとなり、通常の金融機関と変わらない金額を調達することが可能となるのである。Branch Internationalは、M-Pesaと連携させることで提供された資金がモバイルマネーとして、いつでも、どこでも利用できる環境を実現するなど、これまでの金融サービスの仕組みを変革するものとして注目を集めている。このほかにも、フィリピンやコロンビアでサービスを展開するFintechスタートアップLenddoでは、新興国のユーザーに対して融資サービスを提供してきた実績をもとに、これまで収集してきたユーザーのデジタルデータを分析し、ほかの低所得者向けローン提供事業者に対して独自の審査アルゴリズムを提供している。今後、データ分析技術を

■図表6－2　Branch Internationalが提案する新たな銀行プラットフォーム

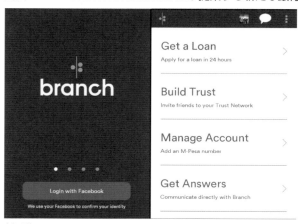

（出所）　Branch International Webサイト、Branch Appstoreより

第6章　Fintechの今後　■　155

活用した低所得者向けの融資サービスは、新興国において拡大する傾向にあり、これらサービスにより新興国の利用者の生活水準が向上していくことが期待される。

　今後は、Fintechを活用し、新興国を中心として利用者の生活水準を向上させる取組みが一般的となっていくであろう。たとえば、ビル・ゲイツが主導する世界最大級の慈善団体であるBill & Melinda Gates Foundationは、最重要視するプロジェクトの一つにモバイルマネーによる貧困の是正をあげている[6]。このほか、アジア諸国における新興国の経済発展を目的として設立されたアジア開発銀行は、2015年12月に公表したレポートにおいて新興国の経済発展のためにFintechを取り入れることを発表しており、同分野には最大で7,500万ドルが拠出される予定となっている[7]。このように、多くの公的機関、団体がFintechを活用することで新興国における経済的格差の是正や貧困層の生活水準向上に向けた取組みを加速させようとしている。先進国と比較してインフラの整備が遅れる新興国は、一方で先進国以上に新たなサービスが急速に普及しやすい環境にある。現在の新興国における携帯電話の爆発的な普及は、これまで有線による電話がほとんど未発達であったことからもたらされた側面があり、M-Pesaの普及も同様に既存の金融サービスが未発達であったためにもたらされたのである。M-Pesaは現在、アフリカを遠く離れて欧州諸国においても利用されようとしており、ルーマニアでの導入が決定している。また、M-Pesaの仕組みを基本として、フランスの大手通信会社Orangeがモバイルマネーサービスを同国向けに開始している。いわば、新興国において発達したFintechサービスが先進国においても採用された事例となっており、今後は、こうした新興国から誕生したFintechサービスが世界を席巻することも考えうる。Fintechによりもたらされる金融サー

---

6　Bill & Melinda Gate Foundation「2015 Gates Annual Letter」（2016年 2 月 7 日参照）
　https://www.gatesnotes.com/2015-annual-letter
7　Asia Development Bank Technical Assistance Report「Promoting Financial Inclusion through Financial Technology」（2015年12月）

ビスの「民主化」は、新興国における生活水準の向上をもたらすとともに、世界全体を巻き込む新たなイノベーションの源泉となる可能性を秘めている。Fintechによる金融サービスの革新は最早、先進国の一部地域のものではなくなりつつある。むしろ、シリコンバレーやロンドンといったFintechの先進地域で培った技術が新興国において新たな金融サービスへと結実する新たなエコシステムにこそ注目すべきであろう。

## ❺ Fintechの負の側面

　Fintechによる金融サービスの変革は、金融サービスの民主化に伴う生活水準の向上といった良い方向にのみ作用するものではなく、他方で、犯罪の温床となりうることにも留意しておく必要がある。たとえば、ビットコインが注目を集めた2013年初頭には、アンダーグラウンド世界のAmazonと呼ばれるECサイト「Silkroad」が存在していた。同サイトは、2013年末に米国連邦捜査局（FBI）により閉鎖されたが、それまで麻薬や銃器といった違法な商品が多数取り扱われ、その決済にはビットコインが活用されていた。これは、ビットコインの特徴である決済時の匿名性の高さが逆に利用されていたためである。また、Silkroadを運営していた人物は、ビットコイン取引サイトを運営していたともいわれ、社会に大きな衝撃を与えた。このほか、イスラム原理主義を標榜するテロ組織がその資金洗浄や決済手段としてビットコインを活用しているといった報告も各国においてなされている。加えて、昨今ではFintechスタートアップによる新たな金融サービスがテロ組織に活用されるといった懸念も出ている。2015年12月に米国のカリフォルニア州で発生した銃乱射事件の犯人グループは、犯行に使われた銃器の購入資金を調達するためにマーケットプレイスレンディングサービスであるProsperを利用していたことが判明している[8]。このように利用者の拡大や提供コストの低下は、Fintechサービスが意図せざる方向で活用される危うさも秘めている。

　また、Fintechサービスの多くは、利用者の利便性を向上させるために、利用者のさまざまなデータにアクセスすることから、セキュリティの問題がこれまで以上に大きな課題ともなりうる。特に、これまでのような伝統的な

---

8　NBC News「Prosper, Lending Site Used by San Bernardino Shooter, Draws Scrutiny」（2015年12月9日）http://www.nbcnews.com/business/business-news/san-bernardino-shooter-received-funds-through-online-lending-site-n477046

158

ICTベンダーが実施する堅確な開発工程とは異なり、スタートアップが急拵えでサービスを開発していることもあり、不正なプログラムが実装されたり、セキュリティホールと呼ばれるプログラム上の脆弱性を抱えてリリースされたりする可能性も否定できない。日本においては、近年、ネットバンキングサービスを提供する多くの金融機関において不正送金被害が発生し、多くの利用者がその被害を被っている。この際は、金融規制当局、金融機関双方が協力し、これら被害者を救済する方向で取決めがなされているが、Fintechサービスにおいて同様の被害が発生した場合、金融規制当局や関連する金融機関は、どのように対処していくのであろうか。Fintechサービスがまだ十分に普及しているとはいえないわが国のような市場環境においては、Fintechサービスの利用者層を広げるためにも、利用者の被害を単純に「自己責任」の世界に押しとどめるのではなく、金融規制当局やFintechサービスに対してかかわりを持つ金融機関などの関係者が連携し、一定のルールのもとに安心してサービスを利用できる環境を整備していくことが必要であろう。2014年初頭に発生したビットコイン交換事業者であるマウント・ゴックスの破たんでは、多くの被害者がその資産を失うこととなり、一部マスメディアではビットコインそのものに欠陥があるかのように報道された。ひとたびFintechスタートアップが問題を発生させた場合、問題を起こしたFintechサービスばかりでなく、サービス分野そのものに対しても疑惑の目が向けられ、発展したサービスであっても一般の利用者が離れていきかねない。その一方でFintechサービスはスタートアップ企業によって運営されていることが多いことから、過度なセキュリティ基準を求めることも適切ではない。Fintech のエコシステム全体が健全な発展を遂げるためには、Fintechスタートアップばかりでなく、金融規制当局、そして金融機関といったステークホルダーにより、被害を防ぐ取組みは勿論のこと、一般の利用者のFintechサービスに対するリテラシー向上に向けた取組みも必要であろう。

## ❻ Fintechサービスのさらなる発展に向けて

　今後とも利用者にとって利便性が高く、かつ安心して利用できるよう
Fintechサービスが発展していくためには、Fintechスタートアップ自身が
サービス開発を推進していくだけではなく、金融機関や公的機関がFintech
スタートアップの参入を容易にするための取組みを実行していく必要があ
る。このためには、公的な規制の枠組みを整備することもさることながら、
技術的には、サービスをつなぐ際にセキュアにデータや機能を連携し、異な
るサービスプラットフォームであっても相互にFintechサービスが利用でき
るような共通の規約を整備することが重要な要素となる。今後は、これまで
度々言及したサービス間におけるデータ連携や機能呼び出しのための規約で
あるAPIがFintechスタートアップや金融機関によって活用されていくこと
になるだろう。サービス提供者は、自社サービスのAPIを公開することで、
他社のプラットフォームにおいて自社サービスが活用されることとなり、
サービス自体の利用が増えるにつれて、プラットフォーマー（基盤提供者）
として影響力を持つこととなる。たとえば、Uberなどは、自社サービスの
API公開により、地図アプリを提供するGoogleやレストラン予約サイト
OpenTableに活用されることでその利用者を拡大している。

　API接続によるデータ連携のメリットは、こうしたサービスの利用拡大に
関する側面に加えて、セキュリティ向上といった側面においても大きい。一
般に外部のサービスからデータ取得を行う場合、IDやパスワードなどを活
用して、一般の利用者がそのサービスにアクセスする際と同様の方法でデー
タを取得する必要がある。この手法はウェブスクレイピングと呼ばれ、たと
えばPFMサービスを提供するFintechスタートアップでは、同手法を用いて
金融機関のオンラインバンキングサイトにアクセスし、その顧客の口座情報
にアクセスしている。このような方法は、Fintechスタートアップが多くの
利用者の機密情報を手に入れ、管理しているのと実質的に同義という見方も

でき、セキュリティ上問題がないとはいえない。Fintechスタートアップからこれら情報が流出した場合、Fintechスタートアップの責任が問われることは勿論であるが、こうしたアクセスを許容している金融機関も場合によっては、その責任が問われるおそれもある。APIを通じて連携をすることで、サービス事業者間の正規の取決めによるデータ取得や機能のやりとりを行うことができるため、多くの顧客情報を扱い、今後、Fintechスタートアップを含むさまざまな領域サービスを提供する企業と連携することが期待される金融機関こそが特に意識すべき技術であるといえよう。

　海外金融機関では、Fintechスタートアップとの協業による金融サービスの高度化が早急に求められている状況も追い風となり、API公開に関する検討が進む。英国では、第4章でも言及したとおり、オープンデータの普及に向けた研究組織であるOpen Data Instituteが英国大蔵省からの要請により、The Open Banking Standardと呼ばれる英国金融業界におけるデータ流通のための共通規格を発表した。今後は、この検討をもとにしたAPIが公開されることとなっており、2016年の終わりには実現する予定となっている。そして、2017年にはこのAPIをもとにした顧客データの共有が始まることとされており、金融機関とFintechスタートアップによるデータ流通が現実のものとなりつつある。また、EUの政策執行機関である欧州委員会（European Commission）では、2015年10月、EU域内の決済サービスの高度化とそれに伴う利用者の利便性向上を目的に決済サービス指令の改訂版（Revised Directive on Payment Services（PSD2））を発表した。同指令は、EU圏内における決済サービス高度化のために金融機関は、Fintechスタートアップのようなサードパーティの決済サービス事業者が金融機関の顧客情報にアクセスできるAPIを2017年12月までに整備することを求めている[9]。このAPIを活用できるサードパーティの決済サービス事業者とは、欧州銀行監

---

9　European Commission「Revised Directive on Payment Services（PSD2）」（2015年10月8日）http://ec.europa.eu/finance/payments/framework/index_en.htm

督局（European Banking Authority）に認可された事業者としており、すべての事業者に開放されるわけではない。しかし、Fintechスタートアップに対して金融機関の顧客情報へのアクセスを認めた同指令は、EU圏内における金融サービスのオープン化を今後牽引していくものとみられる。

　このほか、金融機関自らによるAPI提供も欧州の金融機関を中心に進展している。2010年に創業したばかりのドイツの金融機関であるFidor Bankでは、その基盤を自前で開発したほか、自社データが他のスタートアップにとって活用しやすいようにAPI公開を行っている。これにより、スタートアップはAPIを活用してFidor Bank向けのサービスアプリを開発することができ、それらはFidor Bankのサービスとして利用することができる。また、フランスの大手金融機関Credit Agricoleも同様に自行のAPIを公開しており、サードパーティによる顧客向け金融サービスアプリの開発を推進している。同行のアプリ公開サイトCA Storeでは、さながら金融機関が独自に運営するアプリストアといった様相を呈している（図表6－3）。金融機関によるAPI公開は、金融機関とサードパーティのアプリ開発事業者による新た

■ 図表6－3　Credit Agricoleが提供する銀行サービスアプリストア

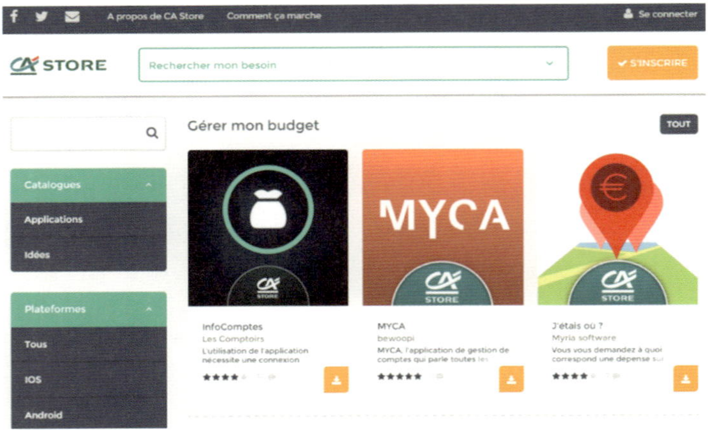

（出所）　Credit Agricole Webサイトより

なエコシステムを生み出しているのである。

　このように、APIによるデータ連携は、金融機関とFintechスタートアップによる利便性の高いサービス創出のためのエコシステム構築に寄与する。これに伴い、将来的には銀行サービスの提供形態そのものが変容していくことも考えられる。すなわち、いわゆる「金融ビッグバン」以来、かねてより議論されてきた銀行サービスの「アンバンドリング化」である。金融機関は、顧客の口座管理やそこで行われる取引を安全に管理することに注力し、顧客が手元のスマートフォンなどでアクセスするサービスは、金融機関のブランドがあるもののFintechスタートアップが作成したサービスであるといった環境が実現するかもしれない。金融機関は、そのブランド力を背景にあらゆるサービスを自前で提供するイメージが強いが、市場を破壊するような影響力を持つある種破壊的なインパクトをもたらすFintechスタートアップがサービスを提供している昨今、これらスタートアップに顧客を奪われないためにも、むしろFintechスタートアップとの提携を積極的に進めるべきであろう。この際、銀行サービスのオープン化を促進していくことが今後の金融サービス発展において必要となってくると考える。

## おわりに

　Fintechというキーワードは瞬く間に浸透し、多くの人々があらゆる場面で言及している。メガバンク、地域金融機関を問わず多くの金融機関トップが各種インタビューにおいて、「Fintech」やテクノロジー活用について言及するなど、一昔前と比較してまさに隔世の感がある。もちろん、Fintechを取り巻く環境が今後とも順調なままで推移するとは考えづらい側面がある。ベンチャーキャピタルによる投資動向の変化もさることながら、Fintechが有する「負」の側面など、解決すべき問題が多いことは明らかであろう。一方、新興国を中心に新たなFintechサービスが続々と誕生しており、Fintechによるイノベーションの広がりは、米国や英国といった一部の先進国に限定されない世界的な潮流になりつつあり、社会を変革する力を秘めている。FintechをICTの高度化や新しい世代の価値観によって牽引される「サービスの民主化」といった大きなトレンドのなかでとらえると、「主権者」である利用者のニーズこそがFintechサービスの揺籃となりうるものである。金融サービスに対する利用者ニーズという点で、新興国は先進国よりも多くの発展の機会を有している。今後は、先進国のFintechのみならず、先進国で発展したFintechサービスやテクノロジーを途上国においてうまく活用し、その生活のあり方を大きく変革するようなサービスが誕生していくことにも期待したい。一方、金融サービスが成熟し、少子高齢化が進むわが国にあっても、デジタル化の進展に伴って、年齢に関係なく多くの人々が金融サービスの利用方法を大きく変化させることになる。たとえば、インターネットやモバイルであっても自然な言葉で金融サービスを受けることができれば、年齢に関係なく多くの人々に受容されることになるだろう。このような転換点を迎えるなかで、いま一度、利用者の視点に立ち返り、従来の金融サービスの枠組みを超えてさまざまなサービスを組み合わせ、そのニーズに応えるサービスを再構築することが肝要である。かかるサービスの発展のために

は、スタートアップ、金融機関、公的機関といった関係者がオープンなエコシステムを構成し、より多くの革新的なサービスが創発される環境が整うことが期待される。このような環境こそが、わが国の金融サービスの裾野を広げ、利用者の立場に立った金融機能の強化につながる。Fintechというキーワードが特別なものでなくなったとしても、その本質が受け継がれ、時代に即したより良い金融サービスが生み出されていくことが必要であろう。

## Fintechとは何か
──金融サービスの民主化をもたらすイノベーション

平成28年5月6日　第1刷発行

著　者　隈　本　正　寛
　　　　松　原　義　明
発行者　小　田　　　徹
印刷所　株式会社加藤文明社

〒160-8520　東京都新宿区南元町19
発　行　所　一般社団法人 金融財政事情研究会
　　　　編集部　TEL 03（3355）2251　FAX 03（3357）7416
販　　売　株式会社きんざい
　　　　販売受付　TEL 03（3358）2891　FAX 03（3358）0037
　　　　URL http://www.kinzai.jp/

・本書の内容の一部あるいは全部を無断で複写・複製・転訳載すること、および
　磁気または光記録媒体、コンピュータネットワーク上等へ入力することは、法
　律で認められた場合を除き、著作者および出版社の権利の侵害となります。
・落丁・乱丁本はお取替えいたします。定価はカバーに表示してあります。

ISBN978-4-322-12873-4